Jupp Hartmann

Wie ich lernte das Nutzlose zu lieben

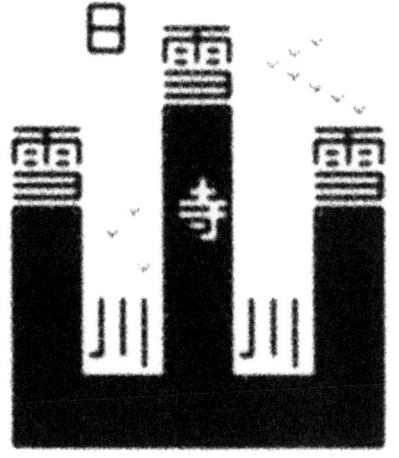

www.tredition.de

© 2016 Jupp Hartmann

Verlag: tredition GmbH, Hamburg

ISBN
Paperback: 978-3-7345-3577-2
Hardcover: 978-3-7345-3578-9
e-Book: 978-3-7345-3579-6

Printed in Germany

Das Werk, einschließlich seiner Teile, ist urheberrechtlich geschützt. Jede Verwertung ist ohne Zustimmung des Verlages und des Autors unzulässig. Dies gilt insbesondere für die elektronische oder sonstige Vervielfältigung, Übersetzung, Verbreitung und öffentliche Zugänglichmachung.

*Zahllose Widersprüche besitzen,
das heißt Reichtum.*
(Zhuangzi, XII, 2)

Erster Teil
Schatten der Vergangenheit

Der alte Birnbaum

Im Garten meiner Eltern stand ein mächtiger Birnbaum. Sein Wuchs war wunderbar, doch seine Früchte waren klein und holzig. Wären sie weicher und süßer gewesen, hätte mein Vater vielleicht ein paar Jahre länger gelebt. So aber starben sie beide innerhalb weniger Tage, zuerst der Baum und dann mein Vater.

Platz war genug hinter unserem Haus. Den ganzen Garten konnte der alte Mann sowieso nicht bearbeiten. Es gab keinen Grund, den Baum zu fällen, außer, dass er nutzlos war. So nahm mein Vater eines Tages Axt und Säge, zerlegte Stamm und Äste und stapelte sie sorgfältig in einer Ecke des Hofes. Doch der Stumpf ragte noch aus der Erde. Das sah nicht ordentlich aus. Die Wurzel musste ausgegraben werden. Der Baum krallte sich fest, doch am Ende siegte mein Vater. Der füllte schließlich das Loch mit Erde auf, strich den Boden glatt und ging erschöpft, aber zufrieden schlafen. Am nächsten Morgen stand er früh auf. Wie immer. Kurz darauf fiel er um und war tot.

Er hatte es gewusst. Schwere Arbeit war lebensgefährlich. Er war erst kurz aus dem Krankenhaus zurück, nach seinem dritten Infarkt. Er sollte sich schonen. Das hatten die Ärzte ihm dringend geraten.

Aber Arbeit war sein Leben. Schon als Kind. Da musste er seinem Vater auf dem Bau helfen. Steine schleppen. Er lernte Maurer, machte die Meisterprüfung und brachte es schließlich zu seiner eigenen Firma. Müde von der Arbeit am Bau saß er abends noch stundenlang in seinem Bürozimmer, machte die Buchführung oder brütete über Kostenvoranschlägen für neue Aufträge.

Trotzdem liefen die Geschäfte immer schlechter. Es waren nicht mehr die Zeiten für kleine Betriebe mit vier, fünf Beschäftigten. Durch Fleiß hielt er sich noch ein paar Jahre über Wasser. Aber dann spielte sein Herz nicht mehr mit. Es zwang ihn zu Pausen. Er verlor die Kontrolle. Die Arbeiter bummelten. Termine platzten. Er musste die Firma aufgeben.

Doch Arbeit gab es weiter. Meine Schwester und mein Bruder waren im heiratsfähigen Alter. Die jungen Familien brauchten je ein Heim und mein Vater hatte zwei neue Baustellen.

Aber auch diese Häuser wurden fertig. Sollte er jetzt den ganzen Tag nutzlos herumsitzen? Zum Glück war da noch der Garten. Da gab es mehr zu tun als ein bisschen Unkraut zu jäten und Blumen zu gießen – und mein Vater konnte hart arbeiten.

Da kam ihm der alte, nutzlose Birnbaum gerade recht.

Namensmagie

Ich bin an der Grenze zwischen Deutschland und Frankreich aufgewachsen. Damals gab es noch Zollkontrollen, aber sie waren nicht mehr streng. Die Schlagbäume zeigten meistens nach oben. Im Zollhäuschen auf der französischen Seite saß ein alter Mann, der den ganzen Tag vor sich hin döste und nur kurz aufblickte, um Autos durchzuwinken. Als würde er eine Fliege verscheuchen, die ihn in seiner Ruhe gestört hatte.

Das war also die Grenze, um deren Verlauf zu Zeiten meiner Großeltern so verbissen gekämpft worden war. Einmal war ich in Verdun. Dort sah ich die Schlachtfelder des Ersten Weltkrieges. An einigen Stellen ragten noch die Bajonette der Verschütteten aus der Erde. Hunderttausende junger Männer waren hier in den Tod getrieben worden, um die Grenzlinie ein paar Meter in die eine oder andere Richtung zu verschieben.

Sonntags machten wir nach der Kirche oft Familienausflüge, gelegentlich auch über die Grenze. Immer wieder staunte ich, wie unterschiedlich die Dörfer hüben und drüben waren. Auf der deutschen Seite gab es viele neue Häuser. Die älteren waren meist renoviert, verputzt und gestrichen, die Straßen waren in gutem Zustand, viele Bürgersteige asphaltiert. Auf der anderen Seite gab es Schlaglöcher, die Gehwege waren bei Regen matschig und den Häusern sah man ihre Geschichte an. Selbst die Friedhöfe waren dort anders, die Tore verrostet und die Kreuze windschief.

Gemessen am Wohlstand ging es den Verlierern des Krieges besser als den Gewinnern. Doch von den Dörfern jenseits der Grenze ging ein ganz eigener Zauber aus. Das alte Gemäuer ließ etwas vom Leben in alten Zeiten durchschimmern und weckte Neugier auf früher. Bei uns hingegen hatte eine immense Arbeitswut die Dörfer von den Spuren der Vergangenheit gesäubert. Eine sterile Gegenwärtigkeit war eingekehrt.

Müßiggang, so hörte ich oft, sei aller Laster Anfang. Ganze Kerle leisteten ganze Arbeit. Die Ärmel hochkrempeln, anpacken und die Wirtschaft in Schwung bringen, das verscheuchte alles Grübeln über Vergangenes. Fleiß, Ordnung, Pünktlichkeit, das waren die Tugenden, die einen ordentlichen Staatsbürger ausmachten. Keine weiteren Fragen.

Aber die Geister der Vergangenheit fanden dennoch ihre Wege. Es gibt die Sitte, verstorbene Verwandte zu ehren, indem man neugeborene Kinder auf ihren Namen tauft. Mein großer Bruder hatte seinen Namen von dem jüngeren Bruder meiner Mutter, dem über alles geliebten einzigen Sohn meiner Großmutter. Der war todkrank von der Front in Russland nach Hause gekommen und mit sechsundzwanzig Jahren, kurz nach dem Krieg, gestorben. Nun war mein Bruder der Ersatzsohn meiner Großmutter.

Auch ich erhielt den Namen eines verstorbenen Verwandten, eines Bruders meines Vaters, der an der Westfront gefallen war. So war meine Generation auf magische Weise in die Schrecken der Vergangenheit verwoben.

Einmal fuhren wir in die Normandie. Wir fragten uns nach einem kleinen Ort durch, den mein Vater unbedingt aufsuchen wollte. Hier gab es einen Soldatenfriedhof, schier endlos standen weiße Steinkreuze in Reih und Glied, nur durch die Namen unterschieden, die darin eingraviert waren. Es waren die Namen von deutschen Soldaten, die im Zweiten Weltkrieg hier in den Tod getrieben worden waren, um die Niederlage des Regimes noch ein paar Tage hinauszuzögern. Schließlich fanden wir das Grab meines Onkels. Da stand ich nun – vor einem Grabstein mit meinem eigenen Namen darauf.

Der Weg des Räubers

Der Philosoph Zhuangzi lebte vor über 2300 Jahren in China. Von ihm und seinen Schülern stammt ein Buch, in dem sich zahlreiche kleine Geschichten finden, so auch die folgende:

Die Kumpane des Räubers Zhi fragten ihn einmal und sprachen: »Gibt es für einen Räuber auch einen rechten Weg?«

Er antwortete ihnen: »Aber natürlich! Wie sollte er denn auskommen, ohne dem rechten Weg zu folgen? Er muss spüren, wo etwas versteckt ist: Das ist Achtsamkeit. Er geht als Erster rein: Das ist Mut. Er geht als Letzter raus: Das ist Eifer. Er muss wissen, was geht und was nicht: Das ist Weisheit. Er muss die Beute gut aufteilen: Das ist Gerechtigkeit. Dass ein Mann, dem auch nur eine von diesen fünf Tugenden fehlt, ein großer Räuber wird, das hat man unter dem Himmel noch nicht gesehen.«

Das heißt: Nicht nur die guten Menschen lassen sich vom rechten Weg leiten, den die Heiligen weisen, auch der Räuber Zhi muss ihn kennen, sonst kommt er nicht weit. Nun sind aber die Guten auf der Welt wenige und die Schlechten viele. Folglich ist der Nutzen der Heiligen für die Welt gering, ihr Schaden aber groß. (Zhuangzi, X, 2)

Zerwürfnisse

Auch mein Vater war im Zweiten Weltkrieg Soldat. Er war Motorradkurier bei einer Flak-Einheit und somit nicht unmittelbar in die Kämpfe verwickelt. Zu seinem Glück, sagte er oft, habe er nie auf einen Menschen schießen müssen.

Dennoch war er auch in der Wehrmacht bemüht, sein Bestes zu geben. Das war Disziplin. Sein Eid als Soldat war ihm heilig. Das war Aufrichtigkeit. Seine Vorgesetzten konnten sich auf ihn verlassen. Das war Pflichtgefühl. Für ihn war Hitler ein Lügner. Trotzdem diente er ihm gehorsam. Das war Treue. Mein Vater war ein Mann mit Grundsätzen, fest entschlossen, immer dem rechten Weg zu folgen. So sollte auch ich werden.

Aber daraus wurde nichts. Als ich aufwuchs war gerade die Zeit der großen Jugendproteste. Die Wertvorstellungen der Kriegsgeneration stießen auf heftigen Widerspruch. »Es gibt kein richtiges Leben im falschen«, heißt es bei Adorno – und so dachte auch ich.

»Was hätten wir denn tun sollen?«, konterte mein Vater meine Vorhaltungen. »Wenn du damals gelebt hättest, hättest du es auch nicht anders gemacht.« Meine Mutter zitierte dazu ihren Leitspruch: »Man macht wie die Leute, dann geht es einem wie den Leuten.«

Meine Eltern waren überzeugt davon, vernünftig gehandelt zu haben. Wenn das so war, dann wollte ich nicht zur Vernunft kommen.

Sich gegen Diebe, die Kisten aufbrechen, Taschen durchsuchen, Kasten aufreißen, dadurch zu sichern, dass man Stricke und Seile darum schlingt, Riegel und Schlösser befestigt, das ist das, was die Welt Klugheit nennt. Wenn nun aber ein großer Dieb kommt, so nimmt er den Kasten auf den Rücken, die Kiste unter den Arm, die Tasche über die Schulter und läuft davon, nur besorgt darum, dass auch die Stricke und Schlösser sicher festhalten. So tut also einer, den die Welt einen klugen Mann nennt, nichts weiter, als dass er seine Sachen für die großen Diebe beisammen hält. Darum wollen wir noch näher über die Sache reden. Gibt es unter denen, die die Welt kluge Leute nennt, einen einzigen, der seine Sachen nicht für die großen Diebe beisammen hält? Gibt es unter denen, die sie Heilige nennt, einen einzigen, der nicht für die großen Diebe Wache steht? (Zhuangzi, X,1)

Verstrickungen

Anders als viele in ihrer Generation gaben meine Eltern nicht vor, von nichts gewusst zu haben. Meine Mutter hatte als junge Frau in einer Anstalt gearbeitet. Kurz vor der Heirat mit meinem Vater hatte sie gekündigt. Später erzählte ihr eine frühere Arbeitskollegin, dass alle ihre ehemaligen Patienten deportiert und umgebracht worden waren.

Einmal kamen wir in der nahen Kreisstadt an einem Bekleidungsgeschäft vorbei. »Das waren früher Juden«, sagte meine Mutter. Dann wurde ihre Stimme leise: »Die sind dann später alle fortgeschafft worden.«

Mein Vater war NSDAP-Mitglied, schon bevor die Nazis an die Macht gekommen waren. Sogar in der SA war er. Er stammte aus Unterfranken, war dann aber als Bauarbeiter ins Saarland gekommen, um beim Bau des Westwalls, einer Kette von Bunkeranlagen, mitzuarbeiten. Gerade waren sie dabei, die Fundamente auszuschachten, da hörte er im Radio eine Hitler-Rede, in der schon die Fertigstellung des Westwalls gefeiert wurde. Von diesem Augenblick an hielt er Hitler für einen Betrüger. Lügen waren für meinen Vater unentschuldbar. Beim Bau des Westwalls, den Vorbereitungen des Krieges, war er aber weiter dabei, mit all seinem Fleiß.

Der Hilfsarbeiter, den er damals hatte, Willy, blieb von da an Zeit seines Lebens bei meinem Vater. Er half ihm nicht nur auf dem Bau, er arbeitete auch in unserem Garten, und wenn wir neu tapezierten, dann stand Willy auf der Leiter. Willy konnte viele Dinge: Bohnenstangen setzen, mit der Sense mähen, Kaninchenställe bauen, Fahrräder reparieren. Aber alles tat er ausgesprochen langsam. Er kannte keine Hast. Wenn er Geld hatte, ging er abends in die Kneipe und betrank sich bis zur Besinnungslosigkeit. Mein Vater zahlte ihm nur ein Taschengeld, meine Großmutter versorgte ihn mit Zigaretten und kochte für ihn mit. Im Winter weigerte er sich aufzustehen, dann kümmerten sich seine Verwandten um ihn und wir bekamen ihn ein paar Monate lang nicht zu sehen. Willy war ein herzensguter Mensch. Ich habe ihn nie wütend erlebt. Von ihm ging Ruhe aus, er lebte sorglos. Die Nazis hielten ihn für nicht normal genug. Sie hatten ihn zwangssterilisiert und beinahe hätten sie ihn umgebracht, wenn sich mein Vater nicht vehement für ihn eingesetzt hätte. Er beharrte darauf, Willy als Handlanger zu brauchen, bis sich schließlich die zuständigen Stellen dazu durchrangen, ihm nachzugeben. Er war ja ein tüchtiger und zuverlässiger Mann – und obendrein langjähriges Parteimitglied.

Der Gott der Kühe

Wenn die Pferde und Kühe malen könnten, dann würden Pferde pferdeartige und Kühe kuhartige Götterbilder malen, sagte der antike griechische Philosoph Xenophanes. Die Götter der Nubier seien schwarz und stumpfnasig, die der Thraker blauäugig und rothaarig.

Menschen neigen dazu, sich ihre Götter nach ihrem eigenen Bild auszumalen. Wenn lebensfrohe, freundliche Menschen religiös sind, dann glauben sie eher an einen gütigen, liebevollen Gott, während der Gott von rigiden Menschen rigide und der von gewalttätigen Menschen gewalttätig ist.

In meiner Kindheit war noch viel zu spüren von der Verrohung und Traumatisierung durch den Krieg. Der Gott, an den man mich glauben machte, war ein furchtbarer Gott. Die Religion, wie ich sie kennenlernte, war voller Grausamkeit.

Da gab es nicht nur ausführliche Höllenschilderungen. Auch die Geschichten aus dem Leben der Heiligen waren voller Schrecken. Im Religionsunterricht beschrieb der Dorfpfarrer in allen Details die Qualen, die christliche Märtyrer ertragen hatten, und die Heiligenfiguren in der Kirche hielten die Folterinstrumente in der Hand, durch die sie zu Tode gekommen waren. Die Schutzheilige unseres Dorfes, die Heilige Katharina, war gerädert worden. In der Pfarrkirche war sie mit einem Rad dargestellt, aus dem lange spitze Zacken ragten. Der Schutzheilige des Nachbardorfes, der Heilige Mauritius, war, wie man sehen konnte, durch das Schwert gestorben.

Die Erde, ein Jammertal. Über Jahrhunderte hinweg hatte die Kirche Schmerz, Leid und Tod verklärt. So nährten Glaube und Krieg sich gegenseitig. Lebensverachtung verband Kirchen und Kasernen.

Zeitenwende

Zwischen meiner Großmutter, meiner Mutter und meiner vierzehn Jahre älteren Schwester gab es oft heftige Dispute. Es ging dabei meistens um den passenden Heiratskandidaten für meine Schwester. Meine Mutter brachte vehement ihre Vorlieben und Abneigungen zum Ausdruck. Schließlich war sie die Entscheiderin in häuslichen Dingen.

Auch sie hatte sich ihren Mann nicht selbst ausgesucht. Sie war in einen anderen verliebt gewesen. Aber eines Tages war ein Nachbar als Heiratsvermittler gekommen und hatte meinen Vater ins Spiel gebracht, einen Schwiegersohn, genau nach dem Geschmack meiner Großmutter: solide, fleißig, zuverlässig. Meine Mutter hatte sich schließlich dem Willen ihrer Mutter gebeugt und nun, da ihre eigene Tochter im heiratsfähigen Alter war, sah sie es als ihr gutes Recht an, bei der Auswahl des Zukünftigen mitzuentscheiden.

Mein Vater mischte im Hintergrund mit. Er zog bei Honoratioren aus Dörfern der Umgebung Erkundigungen über die Familien der Kandidaten ein. Der Mann seiner Tochter sollte aus geordneten Verhältnissen stammen.

Die Älteren entschieden, die Jüngeren hatten sich zu fügen. Das wurde uns schon früh klar gemacht. In unserer Dorfschule prügelten die Lehrer regelmäßig Kinder mit dem Stock. Alle Eltern wussten das, aber sie unternahmen nichts dagegen. Es war eben normal.

Kein Wunder, dass immer mehr Jugendliche gegen solche Zustände rebellierten. Auch mit ihrer Musik. Wie die Beatles, die damals ihre großen Erfolge feierten, ließen sich immer mehr junge Männer die Haare wachsen. Das war schon Provokation genug, um die Wut der Älteren zu wecken. Eine Männerfrisur hatte kurz und akkurat zu sein. Ein Mann mit langen Haaren galt als Gammler und stand damit unter Verdacht, arbeitsscheu zu sein. Ich habe mehrmals erlebt, dass Erwachsene beim Anblick Langhaariger zischten: »So etwas gehört weggesperrt« oder »Bei Hitler hätte es das nicht gegeben.«

Die Wut auf die Jugend, die ihren eigenen Weg suchte, erzeugte bei uns Jugendlichen ebenfalls Wut. So schaukelten sich die Gefühle zweier Generationen gegenseitig hoch. Die Verbohrtheit der Alten war das Objekt unserer Empörung und unser Erbe zugleich.

Aufbegehren

Ich glaubte meinen Eltern nicht. Man hatte nicht tun müssen, was alle taten. Dafür fand ich lebende Beweise: bei den Kommunisten. Dort lernte ich alte Widerstandskämpfer kennen. Manche waren ins Konzentrationslager gesperrt worden, andere hatten es ins Exil geschafft, einige wenige waren unentdeckt geblieben. Ihre Partei, so erfuhr ich, war die einzige politische Kraft, die sich von Anfang an organisiert zur Wehr gesetzt hatte. Bei ihnen fand ich die unbeugsamen Charaktere, die ich in meinem Elternhaus vermisste. Sie wurden meine Helden, die Idole meiner Jugend, meine Ersatzfamilie.

Meine Eltern waren entsetzt, als sie erfuhren, dass ich Kommunist geworden war. Doch je mehr sie versuchten mich davon abzubringen, je mehr ich mich zu verteidigen und zu rechtfertigen hatte, desto mehr suchte ich Bestärkung bei meinen Genossen.

Schon bald musste ich das Gymnasium abbrechen, weil ich die Schule wegen der Politik völlig vernachlässigt hatte. Meine Eltern suchten verzweifelt nach einer anderen Perspektive für mich. Mein Vater schleppte mich schließlich zu unserem Dorfbürgermeister, mit dem er zusammen im Gemeinderat saß, mein Vater für die Christdemokraten, der Bürgermeister für die Sozialdemokraten. Der war zugleich Arbeitsdirektor des nahe gelegenen Hüttenwerks. Er konnte mir erst einmal einen Arbeitsplatz verschaffen. Zu Beginn des nächsten Schuljahres sollte ich dann ein Praktikum machen und parallel dazu die Fachoberschule besuchen. Aber ich müsse versprechen, mich im Betrieb nicht politisch zu betätigen.

Unter dem Druck meines Vaters versprach ich, mich an die Bedingung zu halten. Ich fühlte mich danach als Verräter. Um mich von diesem Makel zu befreien, vertrat ich meine politischen Überzeugungen in Zukunft noch vehementer – auch am Arbeitsplatz. Die Fachoberschule besuchte ich nur ein paar Monate lang, dann musste ich sie wegen »Infragestellung des Lehrstoffs« und »aufrührerischen Verhaltens« verlassen.

Auf der anderen Seite des Werktors

Für mich war es ein Abenteuer die Arbeitswelt kennenzulernen. Als überzeugter Kommunist war ich mir sicher, bei den Arbeitern liege die Zukunft, und so sah ich es nicht als Abstieg an, selbst Arbeiter zu werden. Als Schüler hatte ich öfter mit meinen Genossen bei Schichtwechsel vor Werktoren Flugblätter verteilt. Einmal hatte ein Arbeiter mit einer wegwerfenden Geste mein Flugblatt zurückgewiesen und gerufen: »Komm lieber mit rein!« Das sollte wohl soviel heißen wie »Was weißt du schon von Arbeit?«. Nun würde mir bald niemand mehr sagen können, ich hätte keine Ahnung, wenn ich über Kapitalismus und Ausbeutung sprach.

Ich kam in die Elektromontage. Dort lernte ich Knochenarbeit kennen. Oft mussten Hochspannungskabel durch Kabelschächte gezogen werden. Die unterirdischen Schächte waren voller Dreck und teilweise so eng, dass man sich nur robbend darin vorwärtsbewegen konnte. Wenn es im Schacht eine Biegung gab, musste jemand – oft ich – dorthin kriechen und dafür sorgen, dass das Kabel beim Ziehen nicht klemmte.

Aber es gab auch ruhige Zeiten, dann durfte ich den Kollegen begleiten, der dafür zuständig war, Leuchtstoffröhren und Glühbirnen auszuwechseln. Er wusste immer, wo man ein Bier auftreiben und in Ruhe trinken konnte.

Viele meiner Kollegen fanden immer wieder Zeit für private Arbeiten. Besonders beliebt war die Herstellung von Grillrosten. Manche bauten nicht nur welche für sich selbst, sondern auch für Nachbarn und Verwandte. Es war kein Problem, sie nach draußen zu schmuggeln. Die Arbeiter durften mit ihren Autos aufs Werksgelände fahren, Kontrollen am Tor gab es fast nie, und im Zweifelsfall wusste man, wann ein Pförtner aus dem eigenen Dorf Dienst hatte.

Auch sonst lief nicht alles streng nach Vorschrift. Alkohol war natürlich verboten, aber es gab über den ganzen Betrieb verteilt Bierverkäufer. Oft waren es die Budenwärter, die dafür verantwortlich waren, die Aufenthaltsräume in Ordnung zu halten. Der Meister unserer Kolonne verkaufte selbstgebrannten Schnaps, allerdings nicht an seine eigenen Arbeiter. Wenn jemand von uns Geburtstag hatte, schickten wir den Dreher aus der Nachbarabteilung los, eine Flasche zu besorgen.

Meine Arbeitskollegen fühlten sich dem Hüttenwerk eng verbunden. Wenn es technische Probleme gab, dann tüftelten sie ehrgeizig an der Lösung. Sie waren stolz auf ihr Können und ihre Improvisationsfähigkeit. Wenn wir irgendein benötigtes Bauteil nicht auf Lager hatten, durchstreiften wir stillgelegte Betriebsteile, um zu sehen ob wir es irgendwo finden und ausbauen konnten.

Ein großer Teil der Hüttenarbeiter kam aus den umliegenden Dörfern und die Atmosphäre im Betrieb hatte etwas Dörfliches bewahrt. Wie auf dem Dorf gab es Originale, über die zahlreiche Anekdoten in Umlauf waren. Und so, wie früher auf dem Land die Leute hart auf dem Feld arbeiteten, aber kaum Hektik kannten, so war auch das Klima in unserer Abteilung geprägt von einem Wechsel zwischen harter, oft gefährlicher Arbeit und gemächlichem Trott.

Unsere Kolonne war überall auf dem Werksgelände im Einsatz: Im Stahlwerk, wo ich zusehen konnte, wie flüssiger Stahl in einem mächtigen Schwall aus dem Konverter, einem gigantischen schwenkbaren Kessel, stürzte. Oder im Walzwerk, wo dicke, hell glühende Stahlbrammen mit ungeheurer Wucht in die Pressen gezogen wurden und als nur wenige Zentimeter dünne Bleche wieder herauskamen. Ein erhabenes Schauspiel, das mich in eine pathetische Stimmung versetzen konnte. Der Mensch gebot über die Naturgewalten. Das war ein passender Hintergrund für den Mythos des revolutionären Stahlarbeiters, den die kommunistische Partei pflegte. Und ich war einer davon.

Ich war ein halbes Jahr lang Hilfsarbeiter in der Elektromontage. Danach arbeitete ich als Praktikant in verschiedenen Abteilungen der Hütte. Zwei Tage in der Woche musste ich zur Schule. Als man mich dort nach ein paar Monaten hinauswarf, war automatisch auch mein Praktikum zu Ende. Ich musste mir eine neue Arbeit suchen.

Moderne Zeiten

Die Autofabrik, in der ich nun anfing, war nur wenige Kilometer von meinem bisherigen Arbeitsplatz entfernt, aber es war eine völlig andere Welt. Hier fehlte das Großartige ebenso wie das Gemächliche. Hier ging es um Effektivität und maximale Leistung. Die ersten Monate arbeitete ich am Fließband in der Endmontage. Ich baute in knapp fünfhundert Autos am Tag das kleine Dreiecksfenster vorne rechts und eine Kurbel für das vordere Seitenfenster ein. Die Gummidichtungen der Dreiecksfenster hatte ich mit Seifenlauge zu behandeln, damit das Glas schneller hineinglitt. Anschließend musste ich die Fenster mit einem leichten Schlag auf die Gummidichtung in den Rahmen einfügen.

Dabei spritzte mir eines Tages Seifenlauge ins Auge. Ich machte mich sofort auf den Weg zum Werksarzt. Zwischendurch hielt ich kurz inne, ganz auf mein Auge konzentriert. Jemand mit Anzug und Krawatte kam mir entgegen. Er brüllte mich an: »He, schneller, hier wird nicht 'rumgetrödelt.«

Nach einiger Zeit wurde ich in eine andere Abteilung versetzt, wo Einzelteile zu fertigen Karosserien zusammengeschweißt wurden. Ich musste Bleche von einem Wagen heben, bearbeiten und danach auf einen anderen Wagen hieven. Sie waren scharfkantig und trotz Arbeitshandschuhen kam es von Zeit zu Zeit zu Verletzungen. Einmal schnitt ich mich bis auf den Knochen, mein Finger musste genäht werden. Ich wurde für zwei Wochen krankgeschrieben, nicht ohne den Hinweis, ich solle doch nach Möglichkeit nur drei Tage zu Hause bliebn und mich danach in der Wiederherstellungsabteilung melden.

Auch wenn der Name *Wiederherstellungsabteilung* das nahelegt, handelte es sich dabei keineswegs um eine betriebsinterne Reha-Praxis. Es gab diese Abteilung nur aus einem einzigen Grund: Gegen Arbeitsunfälle musste die Fabrik bei der Berufsgenossenschaft versichert sein, wobei die Höhe der Beiträge von der Zahl meldepflichtiger Unfälle abhing. Das waren Unfälle, die zu mehr als drei Tagen Arbeitsunfähigkeit führten. Wenn man trotz Krankschreibung freiwillig zur Arbeit erschien, sparte man der Firma Kosten. In der Wiederherstellungsabteilung gab es leichte Arbeit für jeden. Selbst wer nur noch mit einer Hand Schrauben in ein Tütchen füllen konnte, fand hier seinen Platz.

Bei einer früheren Verletzung war ich einmal ein paar Tage dort gewesen. Dieses Mal aber weigerte ich mich. Ich wollte nicht dazu beitragen die Unfallstatistik der Firma zu beschönigen. Ich blieb zu Hause, solange ich krankgeschrieben war. Als ich danach wieder zur Arbeit kam, schickte man mich in eine andere Abteilung. Die Arbeit dort war schwerer.

Im Taumel der Sprache

Die immer gleichen Bewegungen des Arbeitsablaufs vollführte mein Körper irgendwann von selbst, und mein Kopf war frei für andere Dinge. Um der Langeweile zu entgehen, musste ich mein Gehirn beschäftigen. Ich begann, mir in Gedanken Gedichte vorzusagen: Brecht und Heine, kommunistischen Agitprop und Dichter der 1848er Revolution, deren Freiheitspathos in meinem Kopf den Lärm der Fabrik übertönte. Doch mehr als die Bedeutung der Worte, rettete mich die Musikalität der Sprache über die vielen monotonen Stunden. Ich entdeckte die Möglichkeit, mich an Sprache zu berauschen. So verhalf mir eine öde Arbeit zu ekstatischen Augenblicken.

Meister Ostweiler befragte den Zhuangzi und sprach: »Was man den Sinn nennt, wo ist er zu finden?«
Zhuangzi sprach: »Er ist allgegenwärtig.«
Meister Ostweiler sprach: »Du musst es näher bestimmen.«
Zhuangzi sprach: »Er ist in dieser Ameise.«
Jener sprach: »Und wo noch tiefer?«
Zhuangzi sprach: »Er ist in diesem Unkraut.«
Jener sprach: »Gib mir ein noch geringeres Beispiel!«
Er sprach: »Er ist in diesem tönernen Ziegel.«
Jener sprach: »Und wo noch niedriger?«
Er sprach: »Er ist in diesem Kothaufen.«
Meister Ostweiler schwieg stille.
(Zhuangzi, XXII, 5)

Verweigerte Nützlichkeit

In der Autofabrik wurde ich Vertrauensmann der Gewerkschaft. Meine Genossen waren stolz auf mich. Solche wie mich brauchten sie, aktive Interessenvertreter in den Betrieben. Doch nach einiger Zeit war mir klar, dass ich nicht mein ganzes Leben lang Autos zusammenbauen wollte. Nach fünf Jahren im Betrieb entschloss ich mich, wieder die Schule zu besuchen und das Abitur nachzuholen.

Ich dachte, das sei ganz im Sinne der Partei. Sie kämpfte doch für mehr Bildung für Arbeiter. Die allseits entwickelte sozialistische Persönlichkeit, die sich an der Werkbank ebenso auskennt wie in der feingeistigen Literatur, das war doch einer ihrer Träume.

Ich erzählte meinen Genossen völlig naiv von meiner Entscheidung, sicher, sie wären begeistert. Aber sie waren nicht begeistert. Als Arbeitervertreter war ich ihnen nützlicher.

Kurz darauf fuhr ich als Delegierter zu einem Parteitag. In den Pausen versuchten einige Funktionäre mich umzustimmen. Sie redeten auf mich ein, beschimpften mich als Verräter an der Sache der Arbeiter. Am Ende einer Pause schaffte ich es nicht mehr, in den Sitzungssaal zurückzukehren. Ich saß auf den Stufen einer Treppe und weinte. Ein verspäteter Delegierter aus meinem Bezirk eilte wortlos an mir vorüber.

Ich blieb bei meinem Entschluss. Einer meiner Genossen aus dem Betrieb, mit dem ich befreundet war, redete danach nicht mehr mit mir.

Mein kommunistisches Weltbild bekam erste Risse. Wie konnte es sein, dass in einer Partei, deren Ziel das Wohl der Menschheit war, das Wohl des Einzelnen so wenig galt?

Zweiter Teil
Perspektivenwechsel

Der Brunnenfrosch

Kennt Ihr nicht die Geschichte vom Frosch im alten Brunnenloch, der einst zu einer Schildkröte des Ostmeeres sprach: »Wie groß ist doch meine Freude! Ich kann emporspringen bis auf den Rand des Brunnens. Will ich wieder hinunter, so kann ich auf den zerbrochenen Ziegelstücken der Brunnenwand ausruhen. Ich begebe mich ins Wasser, ziehe die Beine an, halte das Kinn steif und wühle im Schlamm. So kann ich eintauchen, bis meine Füße und Zehen ganz bedeckt sind. Wenn ich um mich blicke, so sehe ich, dass von all den Muscheln, Krabben und Kaulquappen in ihren Fähigkeiten mir keine gleichkommt. Auf diese Weise das Wasser eines ganzen Loches zur Verfügung zu haben und all das Behagen des alten Brunnens nach Belieben auszukosten: Das gehört zum Höchsten. Wollt Ihr nicht zuweilen kommen und Euch die Sache besehen?« – Als aber die Schildkröte des Ostmeeres ihren linken Fuß noch nicht im Wasser hatte, da war der rechte schon stecken geblieben. Da zog sie sich vorsichtig wieder zurück und erzählte vom Meer, das weit über tausend Meilen weit und weit über tausend Klafter tief sei. Als zu Zeiten des Herrschers Yu in neun von zehn Jahren Überschwemmungen gewütet, da sei das Wasser des Meeres nicht angestiegen; als zu Zeiten des Herrschers Tang in sieben von acht Jahren große Dürre geherrscht, da sei es nicht von seinen Ufern zurückgewichen. Alle äußeren Einflüsse, wie lange sie auch wirkten, wie groß sie auch seien, brächten keinerlei Veränderung hervor – das sei die Freude des Ostmeeres. – Als der Frosch vom alten Brunnen das hörte, da erschrak er sehr und verlor vor Überraschung fast das Bewusstsein. (Zhuangzi, XVII, 9)

Horizontverschiebung

Shao Yao-fu sprach:
»In lang vergangenen Zeiten galt ›ich‹ mir als eine bestimmte Person.
Heute dagegen scheint es mir, dass diese Person ein ganz anderer war.« (Hong Ying-ming, II, 55)

Als Kind war ich fromm. Einmal nahmen meine Eltern mich zu einer Wallfahrt nach Lourdes mit. Auf dem Rückweg machten wir einen kleinen Abstecher in die Pyrenäen. Wir fuhren eine schmale Passstraße entlang. Daneben ging es steil in die Tiefe. Meine Mutter begann, vor Angst zu zetern. Ich versuchte sie zu beruhigen. Wenn wir jetzt abstürzen, sagte ich, kommen wir bestimmt in den Himmel, schließlich haben wir ja in Lourdes gebeichtet. Diese Geschichte wurde zu einer Anekdote, die mein Vater noch Jahre später bei jeder passenden und unpassenden Gelegenheit erzählte und die mir umso peinlicher wurde, je weiter ich mich von meinem Kindheitsglauben entfernte.

Das fing mit der Firmung an. Im Firmunterricht lernte ich, wer nach dem Tod in den Himmel komme und wer für immer verdammt sei. Auf alle Heiden und Andersgläubigen wartete demnach die Hölle, Erlösung gab es nur innerhalb der Kirche. Da war ich froh, auf der richtigen Seite zu sein. Doch schon bald kam ich darüber ins Grübeln. Wie konnte ein Gott, der für den überwiegenden Teil seiner Geschöpfe ein dermaßen grausames Schicksal vorsah, ein gütiger, liebender Gott sein? Und was hatte ich von ihm zu erwarten? Gehörte ich mit meinem Zweifel nicht auch schon zu den Ungläubigen und wurde bestraft? Solche Überlegungen unterhöhlten allmählich mein religiöses Weltbild, bis es schließlich zusammenbrach.

Meine Großmutter starb, als ich fünfzehn Jahre alt war. Ich hatte meinen Eltern gerade abgetrotzt, dass ich nicht mehr jeden Sonntag in die Kirche musste. Nun aber sollte ich an den Gedenkandachten teilnehmen, die in der Dorfkapelle abgehalten wurden.

Widerwillig saß ich in der Kirchenbank. Wenn ich um mich blickte, so sah ich, dass von all den Leuten, die hier versammelt waren, mir keiner gleichkam – war ich doch der Einzige, der über diesem seltsamen Kult stand. Alte Frauen ließen die Perlen ihrer Rosenkränze durch die Finger gleiten und murmelten die immer gleichen Gebete. Die Heiligenfiguren am Altar schauten ungerührt auf die Betenden herab. Wie war es nur möglich, dass ich selbst einmal ehrfürchtig zu diesen hölzernen Gestalten aufgeblickt hatte. Ich malte mir aus, wie sie Feuer fingen und alle sehen könnten, dass sie nur Brennholz waren.

Doch immer noch rang mein zunehmender Widerwille gegenüber allem Religiösen mit meinen Ängsten vor der Bestrafung der Ungläubigen. Ich brauchte ein starkes Gegenmittel gegen die Höllenvorstellungen, mit denen ich in meiner Kindheit infiziert worden war.

Da kamen Marx und Engels gerade recht. Was für eine Befreiung! Die religiösen Albträume lösten sich mit einem Male auf – wie Frühnebel. Vom Standpunkt des historischen Materialismus aus hatte ich nun einen klaren Blick über die Jahrmillionen: das Werden der Sonnensysteme, die Entstehung des Lebens aus der unbelebten Materie, die Evolution der Arten, schließlich das Aufkommen der ersten Menschen und dann die Entwicklung der menschlichen Gemeinschaften von der Urgesellschaft über Sklaverei, Feudalismus und Kapitalismus bis hin zur strahlenden

Zukunft der klassenlosen Gesellschaft. Das alles ließ sich offensichtlich streng wissenschaftlich, ganz ohne Zuhilfenahme eines Schöpfergottes erklären.

Ich stürzte mich in die Lektüre der marxistischen Klassiker. Bald besuchte ich regelmäßig die Diskussions- und Bildungsveranstaltungen der kommunistischen Partei. Es störte mich nicht, dass Marx, Engels und Lenin hier ehrfürchtig verehrte Überväter waren, deren Worte jenseits aller Kritik standen. Ein Zitat von Marx zur Untermauerung einer Aussage kam einem unwiderlegbaren Beweis gleich. Ich übernahm die ideologischen Vorstellungen der Partei ohne den geringsten Zweifel und war mir sicher, nun über eine fundierte wissenschaftliche Weltanschauung zu verfügen. Die Enge meiner katholischen Kindheitswelt war gesprengt und dafür war ich zutiefst dankbar.

Die Wolke

Es war in Südspanien, ein paar Tage vor Ostern. Die Vorbereitungen für die Prozessionen der Semana Santa, der Karwoche, hatten bereits begonnen. Das hatte seinen exotischen Reiz, aber mich befremdete es.

Erst wenige Jahre zuvor war der Diktator Franco gestorben. Der hatte sich in den 30er Jahren an die Macht geputscht und diese in einem blutigen Bürgerkrieg behauptet, nicht zuletzt mit Hilfe Hitlers. Unter Franco war der Katholizismus in Spanien Staatsreligion gewesen. Die plötzliche Freiheit nach seinem Tod hatte das Land aufblühen lassen. Es war ein Ausbruch von Phantasie und Lebensfreude. Das kannte ich aus Madrid und das suchte ich auch hier im Süden – keinesfalls aber wollte ich alte religiöse Feste sehen.

Es muss irgendwo am Fuße der Sierra Nevada gewesen sein, nicht weit von Granada. Ich war voller Eindrücke. Häuser im maurischen Stil und die Palastanlage der Alhambra, schattige Höfe, Brunnen, Ornamente: Das alles vermengte sich in meinem Kopf mit den Geschichten, die ich über Andalusien gelesen hatte. Unter der Herrschaft der Mauren hatte es hier eine blühende Kultur gegeben, in der Muslime, Juden und Christen friedlich zusammengelebt hatten. Doch schließlich hatten die katholischen Könige Südspanien erobert und die Inquisition hatte über Jahrhunderte hinweg aus dem Glaubensbekenntnis eine Frage von Leben und Tod gemacht.

Wir waren zu dritt unterwegs, zwei Freunde und ich. Gegen Abend fuhren wir eine einsame Landstraße entlang. Die Landschaft war friedlich, die Luft lau, der Himmel erfüllt von einem warmen Licht.

Da sah ich plötzlich die Wolke. Sie hatte exakt die Form eines Kreuzes. Am Himmel stand unübersehbar ein großes dunkles Kreuz.

Ich weiß nicht, ob die anderen es auch gesehen haben. Von mir kam jedenfalls kein Wort, keine Geste, um sie darauf aufmerksam zu machen.

Aber wegschauen konnte ich auch nicht. Minutenlang starrte ich in den Himmel. Endlich löste sich die Wolke auf. Aber noch heute, über dreißig Jahre später, sehe ich sie deutlich vor mir, erhaben und schwarz an einem milden Abendhimmel.

Im Überschwang der Freiheit

Vom Dorf ging ich in die Stadt. Ich musste nicht mehr in aller Frühe zur Arbeit. Die Schule fiel mir leicht. Es bestand Anwesenheitspflicht, aber die nahm ich nicht ernst.

Das Studium an der Universität bot noch mehr Freiheiten. Die wenigen Pflichtveranstaltungen in meinen Fächern, Germanistik und Philosophie, fanden oft erst am Nachmittag statt. Vom Frühaufsteher wurde ich zum Langschläfer.

Jetzt wollte ich nachholen, was ich all die Jahre in Fabrikhallen und auf Parteisitzungen verpasst hatte. Es war die Zeit der sexuellen Revolution gegen die Prüderie der Nachkriegsjahre. Sex war Spaß und Provokation gleichzeitig, eine gute Mischung, wie ich fand. Nur war ich erst einmal viel zu schüchtern und verklemmt, um meinen wilden Träumen nachzujagen. Doch zu meinem Glück war gerade die Blütezeit der Frauenbewegung. Überkommene Geschlechterrollen wurden hinterfragt. Wieso sollten nur Männer ihr Begehren zeigen dürfen? Frauen wollten aus der passiven Rolle herauskommen und lernen, die Initiative zu ergreifen. Das war meine Rettung. Meine Abende in Studentenkneipen endeten nun gelegentlich im Bett mutiger Frauen, die neue Rollenmuster ausprobierten. Am nächsten Morgen wachte ich dann zuweilen in irgendeiner Wohngemeinschaft auf, wo ich beim Frühstück nicht der einzige Fremde war. Ähnlich lässig ging es in meiner eigenen WG zu. Dabei existierte nur dreißig Kilometer entfernt weiterhin die rigide katholische Welt, der ich entkommen war.

Aber die Grenzen zwischen den Wertesystemen verliefen nicht so eindeutig. Die sozialistische Moral, die von Teilen der Partei beschworen wurde, erinnerte mich allzu sehr an die religiöse Prüderie. Was für mich und etliche jüngere Genossen ein Beitrag zur sexuellen Befreiung der Menschheit war, das war für viele ältere die Dekadenz des niedergehenden Kapitalismus. Ich geriet unter ideologischen Rechtfertigungsdruck.

Lustprinzip

Zu meinem Glück stieß ich im richtigen Moment auf die richtige Lektüre. Herbert Marcuse war damals groß in Mode. In seinem Werk *Triebstruktur und Gesellschaft* analysiert er, wie die bestehenden Machtstrukturen auf einer Unterdrückung der Triebe, einschließlich des Sexualtriebs beruhen. Als Alternative zum herrschenden Leistungsprinzip erscheint dabei das Lustprinzip. Lust statt Leistung – und dabei auch noch zu den Guten gehören. Genau das brauchte ich, um ohne Gewissensbisse meine neue Freiheit zu genießen.

So machte Theorie Spaß. Bald stapelten sich auf meinem Tisch die dicken Bände. Besonderen Eindruck machte auf mich Klaus Theweleits Buch *Männerphantasien*. Es ging darin um Männer, die in der Weimarer Zeit in den berüchtigten Freikorps gekämpft und dann in der Nazizeit Karriere gemacht hatten. Theweleit hatte sich durch Tausende von Seiten von Notizen und Tagebuchaufzeichnungen dieser Männer durchgearbeitet. Dabei waren ihm bestimmte wiederkehrende Denk- und Verhaltensmuster aufgefallen, die er psychoanalytisch deutete. Es gab offensichtlich einen engen Zusammenhang zwischen Körperfeindlichkeit, Ängsten im Umgang mit Frauen, militärischem Drill und der Bereitschaft, sich in hierarchische Strukturen einzuordnen. Das gestörte Verhältnis zum eigenen Körper, das in der Generation meiner Eltern vorherrschte, hatte also eine erhöhte Anfälligkeit für autoritäres Denken zur Folge. Demnach war die sexuelle Freizügigkeit, von der ich träumte, auch gelebter Antifaschismus. Das klang gut.

Ich war also für mehr Lust und weniger Moral – nicht nur aus eigenem Interesse, sondern aus tiefer politischer Überzeugung: Wenn die Gesellschaft sich ändern sollte, dann musste sich zuvor die Moral ändern. Da kam mir die radikale Moralkritik Nietzsches gerade recht.

Man mag jede Moral daraufhin ansehn: die »Natur« in ihr ist es, welche das laisser aller, die allzu große Freiheit hassen lehrt und das Bedürfnis nach beschränkten Horizonten, nach nächsten Aufgaben pflanzt – welche die Verengung der Perspektive, und also in gewissem Sinne die Dummheit als eine Lebens- und Wachstums-Bedingung lehrt. (Friedrich Nietzsche, Jenseits von Gut und Böse, 188)

So war das auch mit der Parteimoral, die mit dem Anspruch, das Glück der Menschheit zu erstreben, Unterordnung und Disziplin forderte. Um der besseren Zukunft willen, nahm man Opfer in der Gegenwart in Kauf. Erwiesen sich aber die Zukunftshoffnungen als Illusion, dann betrog die Ideologie ihre Anhänger um die Gegenwart. Nietzsche half mir, den Blick weg von den fernen Zielen auf das Naheliegende zu richten. Jeder einzelne Augenblick war wertvoll.

Wie, wenn dir eines Tages oder Nachts, ein Dämon in deine einsamste Einsamkeit nachschliche und dir sagte: »Dieses Leben, wie du es jetzt lebst und gelebt hast, wirst du noch einmal und noch unzählige Male leben müssen; und es wird nichts Neues daran sein, sondern jeder Schmerz und jede Lust und jeder Gedanke und Seufzer und alles unsäglich Kleine und Grosse deines Lebens muss dir wiederkommen, und Alles in der selben Reihe und Folge – und ebenso diese Spinne und dieses Mondlicht zwischen den Bäumen, und ebenso dieser Augenblick und ich selber. Die ewige Sanduhr des Daseins wird immer wieder umgedreht – und du mit ihr, Stäubchen vom Staube!« – Würdest du dich nicht niederwerfen und mit den Zähnen knirschen und den Dämon verfluchen, der so redete? Oder hast du einmal einen ungeheuren Augenblick erlebt, wo du ihm antworten würdest: »du bist ein Gott und nie hörte ich Göttlicheres!« Wenn jener Gedanke über dich Gewalt bekäme, er würde dich, wie du bist, verwandeln und vielleicht zermalmen; die Frage bei Allem und Jedem »willst du dies noch einmal und noch unzählige Male?« würde als das größte Schwergewicht auf deinem Handeln liegen! Oder wie müsstest du dir selber und dem Leben gut werden, um nach Nichts mehr zu verlangen, als nach dieser letzten ewigen Bestätigung und Besiegelung? (Friedrich Nietzsche, Die Fröhliche Wissenschaft, Viertes Buch, 341)

Die Folgen der Worte

Durch meine neue Lektüre wurde ich vom dogmatischen Kommunisten zum Abweichler. Aber statt aus der Partei auszutreten, versuchte ich, neue Ideen in sie hineinzutragen. Ich veranstaltete an der Marxistischen Abendschule einen Lesekreis zu Theweleits *Männerphantasien*. Ich fuhr zu einem Nietzsche-Kongress der Marx-Engels-Stiftung in Wuppertal. Die Parteiideologen sollten nicht unwidersprochen ihre Abneigung gegen Nietzsche als Humanismus feiern oder – wie gewohnt – das Verbot seiner Schriften in der DDR rechtfertigen. Plötzlich fand ich mich in der Rolle des Quergeistes wieder. Ganz alleine trat ich der Riege der Chefmarxisten entgegen. Das fühlte sich gut an.

Und doch gelang es den Nietzsche-Gegnern, mich in meiner Begeisterung zu verunsichern. Eines ihrer Argumente verfing bei mir: Man dürfe einen Philosophen nicht losgelöst von seiner Wirkungsgeschichte sehen. Hatten sich doch auch die Nazis auf Nietzsche berufen. Traf ihn also eine Mitschuld am Krieg und an Auschwitz?

Von Marxisten vorgetragen war dieser Vorwurf zwar seltsam. Sie hätten die gleichen Einwände gegen Marx erheben müssen, gehörte zu dessen Wirkungsgeschichte doch die Geschichte der kommunistischen Bewegung, einschließlich der Schauprozesse unter Stalin, der sowjetischen Arbeitslager, der chinesischen Kulturrevolution und der Massenmorde des Pol-Pot-Regimes in Kambodscha.

Aber ein Argument wird nicht dadurch falsch, dass seine Verfechter damit ihre eigene Position untergraben. Es nagte nicht nur an meinen momentanen Überzeugungen, sondern – was viel schwerer wog – an meinem Glauben, man könne durch die Verbreitung der richtigen Gedanken die Welt verbessern.

Konnte es sein, dass die Absichten hinter den Worten mit ihrer Wirkung kaum etwas zu tun hatten? Jedenfalls schien die Geistesgeschichte eine Kette von Missverständnissen, Fehlinterpretationen und bewussten Verfälschungen zu sein.

Karl Marx ging es um ein Ende der Ausbeutung des Menschen durch den Menschen. Er war Zeuge des furchtbaren Elends, in das die industrielle Entwicklung die Arbeitermassen seiner Zeit stürzte. Er versuchte, den Kapitalismus exakt zu analysieren, und hielt sich dabei an die wissenschaftlichen Standards seiner Zeit. Der Marxismus als starre Ideologie war nicht seine Erfindung. Das schützte ihn jedoch nicht davor, zum Stammheiligen etlicher Diktaturen des 20. Jahrhunderts zu werden.

Friedrich Nietzsche lehnte sich gegen eine religiöse Tradition auf, die das Leben der Menschen mit Höllenängsten und schlechtem Gewissen vergiftete. Es ging ihm um ein freudvolleres Dasein. Nationalisten und Volkstümler waren ihm verhasst, aber das hinderte diese Leute nicht, mit seinem Vokabular ihre Ziele zu verfolgen.

Nicht zu vergessen die Wirkungsgeschichte des Christentums: Jesus hatte eine allgemeine Menschenliebe gepredigt, die selbst die Feinde mit einbeziehen sollte. *Wenn dich jemand auf die rechte Backe schlägt, dann biete die andere auch dar. (Matthäus 5.39)* Was hätte er im Sinne äußerster Gewaltlosigkeit mehr verlangen können? Dennoch wurden Jahrhunderte später in seinem Namen Kreuzzüge geführt und unzählige Menschen als Ketzer und Hexen verbrannt.

Keine Lehre, so begann ich zu argwöhnen, war davor geschützt, gegen ihren Sinn ausgelegt zu werden. Je höher das Ideal, desto überzeugender konnten damit selbst die abscheulichsten Dinge gerechtfertigt werden. Man folterte und mordete ja schließlich für das Glück der Menschheit oder für das ewige Seelenheil seiner Opfer. Der Zweck heiligte die Mittel. Auch die Guten konnten nicht immer zimperlich sein.

Der Weg zum Frieden

Xu Wu Gui besuchte den Fürsten Wu. (...)

Der Fürst Wu sprach: »Schon lange hätte ich Euch gerne einmal wieder gesehen. Ich habe den Wunsch, mein Volk zu lieben und durch Ausübung von Gerechtigkeit dem Krieg ein Ende zu machen. Ist das zu billigen?«

Xu Wu Gui sprach: »Es ist nicht zu billigen. Die Liebe zum Volk ist der Anfang dazu, das Volk zu schädigen. Durch Ausübung von Gerechtigkeit dem Krieg ein Ende machen wollen, heißt die Wurzel des Krieges pflanzen. Wenn Ihr auf diese Weise vorgeht, so ist zu fürchten, dass Ihr nichts zustande bringt. Jedes verwirklichte Ideal führt zum Übel. Wenn Ihr Euch betätigt, sei es auch in Liebe und Pflicht, so seid Ihr auf falschem Wege. Jede äußere Betätigung zieht notwendig eine andere äußere Betätigung nach sich. Alles, was in einer Richtung vollkommen ist, ist in anderer Hinsicht von Nachteil, und die daraus entstehende Verwirrung führt notwendig zu Verwicklungen mit der Außenwelt. Ihr stellt doch auch nicht Eure Schlachtreihen inmitten der Tore Eures Palastes auf, noch Eure Krieger und Ritter in unmittelbarer Nähe der Tempel und Altäre. (Wie viel wichtiger ist es da noch, dass Ihr Euer Herz frei haltet), dass Ihr keine Gedanken hegt, die dem Leben widersprechen, dass Ihr nicht durch Schlauheit, Ränke und Kriege andre zu besiegen sucht! Andrer Leute Volk zu töten, andrer Leute Land zu annektieren, um das eigene Ich zu füttern, das bringt unseren Geist (in innere Kämpfe), und inmitten dieser Unklarheit weiß er nicht mehr, was gut ist; und was ist dann aus unserem Sieg geworden? Das Beste wäre, dass Ihr mit all dem ein Ende macht, dass Ihr die Aufrichtigkeit Eures Herzens pflegt, um den Verhältnissen in der Welt in rechter Weise zu entsprechen, und Euch nicht weiter abquält. Auf diese Weise ist das Volk schon frei vom Tod, und Ihr habt es nicht mehr nötig, dem Krieg ein Ende zu machen.« (Zhuangzi, XXIV, 2)

Die Folgen des Handelns

Ich trat schließlich doch aus der Partei aus, nach einem langjährigen schmerzhaften Loslösungsprozess. Als kurz darauf der Zusammenbruch des sozialistischen Systems in Osteuropa begann, fühlte ich mich in meiner Entscheidung bestätigt. Die Mächtigen von einst waren plötzlich schwach. Erich Honecker betrachtete ich nun als einen

Spießer, der aufgrund historischer Zufälle eine Zeitlang in der Lage gewesen war, die eigene Beschränktheit zur Norm zu erheben. Das war derselbe Erich Honecker, der einst sein Leben aufs Spiel gesetzt hatte, um im Untergrund den Widerstand gegen die Nazis zu organisieren und der jahrelang für seine Überzeugung im Gefängnis gesessen hatte. Wie konnte jemand, der in düsteren Zeiten ein wahrer Held gewesen war, so erbärmlich enden?

Angesichts solcher Eindrücke hörte ich auf, Umstürze herbeizuwünschen. Die Macht würde schließlich doch jede neue Führungsschicht korrumpieren. Ich war erleichtert, dass aus meinen einstigen politischen Visionen keine Wirklichkeit geworden war. Die Weltverbesserei war mir unheimlich geworden.

Yang Zhu sprach: »Wer Gutes tut, tut es wohl nicht um des Ruhmes willen, aber doch wird ihm der Ruhm folgen. Der Ruhm hat an sich nichts mit Gewinn zu tun; aber wird ihm der Gewinn folgen. Der Gewinn hat an sich nichts mit Streit zu tun; aber doch wird sich der Streit an ihn heften. Darum hütet sich der Edle, Gutes zu tun.«
(Liezi, VIII, 25)

Mir war klar geworden, dass alles, was ich tat unbeabsichtigte Nebenwirkungen hatte.

Ein guter Schütze schießt und verfehlt nicht das Ziel.
Das ist gut für den Schützen, aber nicht gut für das Ziel.
Einem guten Fischer entkommt kein Fisch.
Das ist gut für den Fischer, aber nicht gut für die Fische.
So ist, wo etwas gut ist, immer auch etwas, das nicht gut ist.
(Huainanzi, XVI, 28)

In jene Zeit, Anfang der 90er Jahre, fiel meine erste Begegnung mit einem alten chinesischen Denker. Ein dünnes Büchlein geriet mir in die Hände, das bisher ungelesen in meinem Regal gestanden hatte. Warum ich es mir einmal gekauft hatte, wusste ich nicht mehr, vielleicht nur, weil ich bei Bertolt Brecht ein nettes Gedicht über seine Entstehung gelesen hatte. Es war das Daodejing von Laozi. Es war zweieinhalbtausend Jahre alt, aber ich las es, als sei es unmittelbar für mich geschrieben worden:

Wenn auf Erden alle das Schöne als schön erkennen,
so ist damit schon das Hässliche gesetzt.
Wenn auf Erden alle das Gute als Gut erkennen,
so ist dadurch schon das Nichtgute gesetzt.
Denn Sein und Nichtsein erzeugen einander.
Schwer und Leicht vollenden einander.
Lang und Kurz gestalten einander.
Hoch und Tief verkehren einander.
Stimme und Ton sich vermählen einander.
Vorher und Nachher folgen einander.

Also auch der Berufene:
Er verweilt im Wirken ohne Handeln.
Er übt Belehrung ohne Reden.
(Laozi, 2. Kapitel)

Glückliches Scheitern

Ein hundertjähriger Baum wurde zersägt. Man machte Opferschalen aus Holz und schmückte sie mit grünen und gelben Linienornamenten. Die Abfälle warf man in einen Graben. Diese Opferschalen und die Abfälle im Graben sind wohl verschieden in Beziehung auf ihre Schönheit; in

Beziehung darauf aber, dass sie ihre ursprüngliche Art verloren haben, sind sie gleich. Die Räuber und die Tugendhelden sind wohl verschieden an Moral; aber darin, dass sie ihre ursprüngliche Art verloren haben, sind sie einander gleich. (Zhuangzi, XII, 15)

Der Einsturz meines bisherigen Weltbildes lehrte mich viel über mich selbst. Beim Blick zurück auf mein früheres Denken und Handeln sah ich wenig Schmeichelhaftes. Ich wusste jetzt, wie es ist, wenn man sich in ein Weltbild eingemauert hat. Um zu erfahren, wozu Ignoranz fähig ist, hatte ich ein perfektes Studienobjekt: mich selbst. Ich konnte an mir die Fähigkeit des menschlichen Intellekts beobachten, sich die Welt zurechtzubiegen und alles, was den eigenen Vorstellungen widerspricht, auszublenden. Natürlich hatte ich schon vor geraumer Zeit von den sowjetischen Arbeitslagern gehört, aber ich war lange bereit gewesen, das alles für Propagandalügen zu halten. Natürlich hatte ich von den Toten an der Mauer gewusst, aber wie selbstverständlich hatte ich sie gegen die Opfer des westlichen Systems aufgerechnet, die im Vietnamkrieg oder beim Militärputsch in Chile ermordet worden waren.

So ähnlich musste der Selbstbetrug auch bei vielen Angehörigen der Kriegsgeneration funktioniert haben. Die meisten, die beteuerten, sie hätten von der Ermordung der Juden nichts gewusst, besaßen wohl die gleiche Entschlossenheit, einfach nicht wahrzunehmen, was sie nicht wahrhaben wollten.

Ich hatte immer ganz anders sein wollen als sie und hatte mir im politischen Spektrum die entgegengesetzte Position ausgesucht, weit links statt weit rechts. Doch jetzt erkannte ich in meinen eigenen psychologischen Mechanismen diejenigen der Mitläufer der Nazizeit wieder. Wir waren wohl verschieden im Hinblick auf die Folgen unseres Handelns. Darin aber, dass wir nur sahen, was wir sehen wollten, und mit vorgeschobenen Argumenten unser Mitgefühl betäubten, waren wir einander gleich.

Das eingestehen zu müssen, bedeutete den Zusammenbruch meiner bisherigen Identität. Ausgerechnet dieser Schlag stellte sich später als eine der glücklichsten Fügungen in meinem Leben, als Befreiung, heraus. Aber das konnte ich damals noch nicht ahnen.

Auf einem Grenzfort im Norden lebte einst ein alter Mann, der dem Dao vertraute. Eines Tages verlor er sein Pferd, das in das Gebiet des Hu Stammes entlaufen war. Die Nachbarn kamen und beklagten sein Missgeschick, doch der Mann sprach: »Woher wollt ihr wissen, dass es ein Unglück ist?«

Einige Monate vergingen, da kehrte das Pferd zusammen mit ein paar schönen Rössern aus der Zucht des Hu Stammes wieder zurück, und alle Leute beglückwünschten den Alten nun. Der aber sprach: »Woher wollt ihr wissen, dass es mein Glück ist?«

Durch die vielen Pferde kam er dann zu Reichtum. Sein Sohn aber brach sich eines Tages beide Beine beim Reiten, worauf erneut alle zu dem Alten kamen, um ihn zu bedauern. Der aber sprach wieder: »Woher wollt ihr wissen, dass es ein Unglück ist?«

Plötzlich überfiel der Hu Stamm das Grenzfort. Alle jungen Männer kämpften mit Pfeil und Bogen, um es zu verteidigen, und neun Zehntel von ihnen verloren dabei ihr Leben. Da der Sohn ein Krüppel war, kamen er und sein Vater unversehrt davon.

Folglich wendet sich Gutes zum Bösen und Böses zum Guten. Die Auswirkungen eines Ereignisses liegen jenseits unseres Begreifens. (Aus dem Huainanzi, nach Lin Yutang)

Dritter Teil
Halt im Ungewissen

Der Ritter und der Drache

Eines Nachts träumte ich von einem Ritter. Die Prinzessin, die ihm versprochen war, war von einem furchtbaren Drachen geraubt worden. Da machte er sich auf den Weg ins Land der Drachen, um sie zu befreien.

Nach sieben Jahren erreichte er endlich den Rand der großen Wüste zwischen der Welt der Menschen und dem Reich der Drachen. Aber er fand niemanden, der bereit war, ihn hindurch zu führen. Drei Tode, sagte man, warteten dort. Der erste sei der Durst, denn es gebe nur eine einzige unerreichbare Quelle. Der zweite sei der Hunger, denn es gebe nur einen einzigen Strauch mit Früchten, doch der sei umwachsen von undurchdringlichem Dornengestrüpp. Der dritte sei die Erschöpfung, so unermesslich weit sei die Wüste.

Der Ritter ließ sich davon nicht aufhalten und machte sich alleine auf den Weg. Er war noch nicht weit gekommen, als die Trockenheit in seiner Kehle unerträglich wurde. Da sah er plötzlich einen See, groß und blau. Er rannte darauf zu, wollte hineinspringen und landete im Staub. Kein Wasser weit und breit. Stattdessen ein Geist, der sprach:

»Ich bin der Geist dieses Wassers. Niemals werde ich zulassen, dass ein Unwürdiger es berührt. Denn es ist kein gewöhnliches Wasser. Wer davon trinkt, der wird nie mehr Durst leiden.«

So sehr der Ritter auch flehte, der Geist ließ sich nicht erweichen. Da gelobte der Ritter, ihm sieben Jahre zu dienen, wenn er ihm von dem Wasser gebe.

»So kannst du würdig werden, von meinem Wasser zu trinken«, sprach der Geist, »denn würdig ist nur, wer endlose Geduld hat. Sieben Jahre also wirst du mir dienen. Ich bin den grauen Sand leid, der sich bis zum Horizont erstreckt. Doch er müsste nicht grau sein, denn er besteht aus schwarzen und weißen Körnern. Trenne sie und ordne sie zu einem Muster! Schon seit langem träume ich von einem solchen Anblick. Nun hat das gütige Schicksal mir endlich einen Diener gesandt, meinen Wunsch zu erfüllen.«

Sieben Jahre lang sortierte der Ritter nun Sand. Dann durfte er wieder seines Weges ziehen. Schon bald quälte ihn der Hunger. Da kam er an einen Strauch, an dem die verlockendsten Früchte hingen. Doch ringsherum wuchsen undurchdringliche Dornenhecken. Er versuchte, sie mit dem Schwert abzuhacken. Vergeblich. Da erblickte er einen Geist, der ihn böse anstarrte und sprach:

»Du Unwürdiger willst von meinen Früchten essen? Versuch es nur! Du erreichst sie doch nicht. Nur ich könnte dir davon geben. Doch warum sollte ich?«

»Weil ich dir dann dienen werde.«

»Du glaubst wohl, mit einem kurzen Dienst sei die Sache getan? Du weißt wohl nicht, was für einzigartige Früchte ich bewache. Wer auch nur einmal davon isst, wird nie mehr Hunger leiden. Sieben Jahre sollst du für mich da sein, wenn du von den Früchten des heiligen Strauches kosten willst. Du sollst mir eine Grube graben, worin der Himmel Platz hat. Ich möchte sein Blau besitzen«

Der Ritter grub und grub, ohne diesem Ziel näher zu kommen. Endlich, nach sieben Jahren, durfte er weiterziehen. Das tat er ohne Rast, bis er schließlich zusammenbrach. Da erschien ihm ein Geist, der zu ihm sprach: »Ich will dir die Unermüdlichkeit schenken, mit der du jeder

Anstrengung trotzen kannst. Aber erst sollst du dich ausruhen, sieben Jahre lang, denn du brauchst dich nicht viel zu bewegen in meinen Diensten. Ich brauche Zerstreuung und du sollst mich unterhalten. Von früh bis spät sollst du mich loben und preisen.«

So lernte der Ritter sieben Jahre lang, einem eitlen Geist zu schmeicheln. Der dankte ihm schließlich für seine ritterliche Aufrichtigkeit, und entließ ihn in die Weite der Wüste.

Endlich gelangte der Ritter in das Land der Drachen. Dort fand er den Entführer seiner Verlobten und forderte ihn zum Zweikampf heraus. Der sprach: »Schon vor Jahren ist mir prophezeit worden, dass einer kommen werde um mit mir zu kämpfen, einer der sich in schweren Prüfungen bewährt und außerordentliche Fähigkeiten erworben habe. Ich kenne deine Stärke. Aber ich werde dich besiegen.«

Und so geschah es. Der Drache zwang den geschlagenen Ritter sein Knecht zu werden. »Oh Schicksal, sei bedankt!«, triumphierte er. »Was hast du mir doch für einen auserlesenen Diener beschert. Er braucht weder Speise noch Trank und kann arbeiten ohne Rast und Ruh. Er kann sich endlos gedulden, fragt nicht nach dem Sinn dessen, was man ihm aufträgt, und er versteht es, mir zu schmeicheln.«

Die Prinzessin aber war längst wieder frei. Kaum war der Ritter aufgebrochen, da hatte ihr Vater sie mit reichlich Gold losgekauft. Schließlich verliebte sie sich in einen wunderschönen Prinzen. Die beiden feierten Hochzeit und lebten fortan glücklich in einem prächtigen Schloss.

Und wenn sie nicht gestorben sind, dann leben sie noch heute.

Hedonismus aus Resignation

Die Menschen der Menge sind strahlend,
wie bei der Feier großer Feste,
Wie wenn man im Frühling auf die Türme steigt:
Ich allein bin unschlüssig, noch ohne Zeichen für mein Handeln.
Wie ein Kindlein, das noch nicht lachen kann!
Ein müder Wanderer, der keine Heimat hat!
Die Menschen der Menge leben alle im Überfluss:
Ich allein bin wie verlassen!
Wahrlich, ich habe das Herz eines Toren!
Chaos, ach Chaos!
Die Menschen der Welt sind hell, so hell:
Ich allein bin wie trübe!
Die Menschen der Welt sind so wissbegierig:
Ich allein bin traurig, so traurig!
Unruhig, ach, als das Meer!
Umhergetrieben, ach, als einer der nirgends weilt!
Die Menschen der Menge haben alle etwas zu tun:
Ich allein bin müßig wie ein Taugenichts!
Ich allein bin anders als die Menschen:
Denn ich halte wert die spendende Mutter.
(Laozi, 20. Kapitel)

Lange Zeit hatte mir eine politische Ideologie die Richtung vorgegeben. Dann war ich misstrauisch geworden gegenüber Lehrmeinungen und Lehrern. Auch gegenüber Nietzsche, der mich in diesem Misstrauen bestärkt hatte. Wer mit soviel Pathos spricht, dachte ich, will etwas übertönen. Seine donnernden Worte klangen für mich nun wie der Hilfeschrei eines Menschen, der an sich und seiner Zeit leidet und keinen Ausweg findet.

Dennoch hatte mich Nietzsche – mit seiner Betonung des Dionysischen, des Rauschhaften, gegenüber dem Apollinischen, dem Verstandesmäßigen – in meinem Wunsch nach einem wilden Leben bestärkt. »*Ich würde nur an einen Gott glauben, der zu tanzen verstünde.*« (Friedrich Nietzsche: Also sprach Zarathustra, S.42). Diese Worte jagten mir einen Schauer über den Rücken, und mit Nietzsche wollte ich ausrufen: »*Jetzt bin ich leicht, jetzt fliege ich, jetzt sehe ich mich unter mir, jetzt tanzt ein Gott durch mich.*« (ebenda S.43). Ja, mein Leben sollte ein Tanz sein. Was brauchte ich nützlich zu sein? Reichte es nicht, jeden Tag zu genießen? Sex and drugs and rock 'n' roll.

Lust, Rausch, Ekstase ... Diese Begriffe geisterten durch meine Gedankenwelt. Ich hoffte, sie könnten mich zu tieferen, noch unbekannten Schichten meines Wesens führen. Jedenfalls waren sie starke Mittel gegen den Phantomschmerz, mit dem sich zuweilen meine verlorene politische Zukunftsvision bemerkbar machte. Sie boten mir Ersatz für abhanden gekommene Aufgaben und Ziele. Sie überzeugten mich, dass es nicht nötig war, etwas zu tun.

Tun und Lassen

Bei Zhuangzi gibt es einen Dialog zwischen dem Gott des Nordmeeres und dem Gott des Gelben Flusses, der sich – ähnlich wie der Brunnenfrosch – angesichts des weiten Meeres seiner eigenen Beschränktheit bewusst wird und beginnt, an seinen Maßstäben zu zweifeln.

Der Flussgott sprach: »Ja, aber was soll ich dann tun und was nicht tun? Wonach soll ich mich richten beim Ablehnen und Annehmen, beim Ergreifen und Fahrenlassen?«

Der Gott des Nordmeers sprach: »Vom Sinne aus betrachtet: was ist da wertvoll und was wertlos? Das sind nur überflüssige Gegensätze. (...) Alle Dinge gleichmäßig umfangen, ohne Vorliebe, ohne Gunst, das ist Unumschränktheit. Alle Dinge gleich betrachten: was ist dann kurz, was ist dann lang? Der Sinn kennt nicht Ende noch Anfang, nur für die Einzelwesen gibt's Geburt und Tod. Sie können nicht verharren auf der Höhe ihrer Vollendung. Einmal leer, einmal voll, vermögen sie nicht festzuhalten ihre Form. Die Jahre lassen sich nicht zurückholen, die Zeit lässt sich nicht aufhalten. Verfall und Ruhe, Fülle und Leere machen einen ewigen Kreislauf durch. Damit ist die Richtung, die allem Sein Bedeutung gibt, ausgesprochen und ist die Ordnung aller Einzelwesen genannt. Das Dasein aller Dinge eilt dahin wie ein rennendes Pferd. Keine Bewegung, ohne dass sich etwas wandelte; keine Zeit, ohne dass sich etwas änderte. Was du da tun sollst, was nicht tun? Einfach der Wandlung ihren Lauf lassen!« (Zhuangzi, XVII, 6)

Blockhütte und Piratenschiff

Dass mich der Verlust meines festen Weltbildes weniger in Schrecken als in Staunen versetzte, dass ich mich selbst voller Neugier in meiner Orientierungslosigkeit beobachten konnte, das verdanke ich auch Martina.

Wir kannten uns vom Studium. Ein Paar wurden wir im September 1983. Es war die Zeit der großen Proteste gegen die Stationierung amerikanischer Mittelstreckenraketen. In Bitburg wurde die US-Militärbasis blockiert. Wir waren mit dabei. Wir setzten uns auf die Straße, die Polizei trug uns weg und das Spiel begann von Neuem. Schließlich wurde es dunkel. Ein Feld am Rande der Straße wurde zum Schlafplatz. In langen Reihen lagen dort Demonstranten, eingemummelt in ihre Schlafsäcke, ihnen gegenüber, nur wenige Meter entfernt, bildeten martialisch ausgerüstete Polizeieinheiten eine Absperrkette. Es nieselte. Jemand hatte riesige, durchsichtige Plastikplanen organisiert. Diese breiteten die Blockadeteilnehmer über sich, um sich vor der Nässe zu schützen. Grelle Polizeischeinwerfer beleuchteten die Szenerie. Ich war (nicht ganz zufällig) neben Martina zu liegen gekommen. Wir plauderten, rückten dichter aneinander, begannen uns schließlich zu berühren und zu küssen. Seitdem sind wir zusammen.

Abenteuer und Zweisamkeit ineinander verwoben: So begann es und so ging es weiter. Später nannten wir diese beiden Pole Piratenschiff und Blockhütte. Wir spielten abwechselnd zwei Spiele: das Spiel der Übereinstimmung und das Spiel der Entzweiung. Sie bedingten sich gegenseitig und verhinderten sowohl ein Auseinanderdriften als auch ein Erstarren in Alltagsroutine.

Wir wollten uns gegenseitig nicht einschränken. Auch andere Liebschaften sollten möglich sein. Freie Liebe und alternative Beziehungsformen waren Utopien aus der 68er-Zeit, an denen wir lange beharrlich festhielten, auch wenn unsere Wirklichkeit diesen Vorstellungen nur wenig entsprach.

Viele in unserer Umgebung erlebten eher die andere Seite unserer Liebe. In unserer ersten Zeit sahen sie uns ständig Hand in Hand. Ein Semester lang kamen wir kaum zum Studieren. Statt Seminare zu besuchen, blieben wir morgens lieber im Bett. Zu politischen Sitzungen erschien ich regelmäßig zu spät, sofern ich sie nicht überhaupt vergaß.

Wir wohnten viele Jahre lang nicht zusammen, aber wenn wir uns sahen, waren wir stark aufeinander bezogen. So ließen wir uns Raum für unser jeweils eigenes Leben und erreichten trotzdem eine große Vertrautheit. Wir waren frei und doch geborgen. Was wir für uns erlebten, verwandelte sich in der Begegnung in etwas Erzählbares.

Auch der Zusammenbruch meines bisherigen Gedankengebäudes wurde so zu einer Fortsetzungsgeschichte in unserem gemeinsamen thematischen Universum. Wenn ich keinen Halt, keinen festen Punkt mehr sah und meine Gedanken uferlos, ziellos hin und her irrten, dann ergab sich dabei immer auch eine unerwartete Einsicht oder eine spannende Frage. Davon konnte ich Martina dann bei unserem nächsten Treffen erzählen.

Nach dem Studium hatten wir Lust auf Großstadt. So kamen wir nach Hamburg. Wir fanden Zimmer in verschiedenen Wohngemeinschaften. Zwischen unseren Treffen lagen meist mehrere Tage. Um uns herum wartete eine fremde Stadt darauf, dass wir sie uns erschlossen.

Die Straßen zwischen uns:
Märkte und Hinterhöfe voller Kastanien,
Voll von unseren Schritten.

Die Tage zwischen uns:
Ich bade in fremden Augen,
Bis Du eine Fremde bist,
Der ich verfalle.

Das Tuch zwischen uns:
Wir liegen gespannt wie Saiten;
Da erkenne ich Dich.

Der Schweiß zwischen uns:
Wenn Du fortgehst,
Bleibt auf meiner Haut Dein Duft.

Anything goes

Ganz gleich, ob es eine weiße oder eine schwarze Katze ist - Hauptsache, sie fängt Mäuse, dann ist es eine gute Katze.
(Deng Xiaoping, chinesischer Politiker, nach: Der Spiegel, 3/1976)

Allmählich gewöhnte ich mich an ein Leben ohne festes Weltbild. Ich begann mich zu fragen, warum ich mich all die Jahre an geistige Autoritäten geklammert hatte, anstatt selbstständig zu denken. Die Philosophie von Marx hatte mir geholfen, die katholische Welt meiner Kindheit hinter mir zu lassen. Nietzsches Denken war für mich wichtig gewesen, um mich von einem zur Ideologie verformten Marxismus zu befreien. Gedankengebäude hatten also die Kraft, meinen Lebensweg zu befördern, auch wenn ich sie später hinter mir ließ.

Statt des Wahrheitsgehaltes von Religionen, Ideologien und Denkmustern interessierte mich jetzt vor allem ihre Wirksamkeit. Welche Erkenntnisse ermöglichten sie? Welche Türen öffneten sie? Und welche verschlossen sie? Was lag außerhalb ihrer Reichweite? Wo wurden sie zu eng und begannen zu drücken?

In diesem pragmatischen Ansatz fand ich mich durch den Wissenschaftstheoretiker Paul Feyerabend bestätigt, dessen Schriften *Wider den Methodenzwang* und *Wissenschaft als Kunst* ich damals begeistert las. Nach seinen Vorstellungen kann jeder Ansatz, wenn man ihn nur lange genug verfolgt, zu brauchbaren Ergebnissen führen. Oft ermöglicht gerade das Abweichen von den allgemein anerkannten Wahrheiten neue wissenschaftliche Erkenntnisse.

Es ist also klar, dass der Gedanke einer festgelegten Methode oder einer feststehenden Theorie der Vernünftigkeit *auf einer allzu naiven Anschauung vom Menschen und seinen sozialen Verhältnissen beruht. Wer sich dem reichen, von der Geschichte gelieferten Material zuwendet und es nicht darauf abgesehen hat, es zu verdünnen, um seine niederen Instinkte zu befriedigen, nämlich die Sucht nach geistiger Sicherheit in Form von Klarheit, Präzision, »Objektivität«, »Wahrheit«, der wird einsehen, dass es nur einen Grundsatz gibt, der sich unter allen Umständen und in allen Stadien der menschlichen Entwicklung vertreten lässt. Es ist der Grundsatz: Anything goes**. (Paul Feyerabend, Wider den Methodenzwang, S.45/46)*

Gibt es einen Gott? Gibt es Wiedergeburt? Allmählich kam ich von der Gewohnheit los, solche Fragen mit einem klaren Ja oder Nein beantworten zu wollen. Von Texten erwartete ich keine Gewissheiten mehr, sondern Anstöße. Zunehmend wunderte ich mich über die menschliche Fähigkeit, je nach Stimmung oder Interessenlage die unterschiedlichsten Dinge aus ein und demselben Buch herauszulesen.

Ein Buch ist ein Spiegel, wenn ein Affe hineinsieht, so kann kein Apostel herausgucken. (Georg Christoph Lichtenberg, Aphorismen, Kapitel 7)

Die Wertlosigkeit der Bücher

Der Herzog Huan von Qi las in einem Band oben im Saal. Der Wagner Flach machte ein Rad unten im Hof. Er legte Hammer und Meißel beiseite, stieg hinan, befragte den Herzog Huan und sprach: »Darf ich fragen, was das für Worte sind, die Eure Hoheit lesen?«

---

*Übersetzung: Alles geht.

Der Herzog sprach: »Es sind der Heiligen Worte.«
Jener sprach: »Leben denn die Heiligen noch?«
Der Herzog sprach: »Sie sind schon lange tot.«
Jener sprach: »Dann ist also das, was eure Hoheit lesen, nur Abfall und Hefe der Männer der alten Zeit?«
Der Herzog Huan sprach: »Was wir lesen, wie darf ein Wagner das kritisieren? Wenn du etwas zu sagen hast, so mag es hingehen; wenn nicht, so musst du sterben.«
Der Wagner Flach sprach: »Euer Knecht betrachtet es vom Standpunkt seines Berufes aus. Wenn man beim Rädermachen zu bequem ist, so nimmt man's zu leicht, und es wird nicht fest. Ist man zu eilig, so macht man zu schnell und es passt nicht. Ist man weder zu bequem, noch zu eilig, so bekommt man's in die Hand, und das Werk entspricht der Absicht. Man kann es mit Worten nicht beschreiben, es ist ein Kunstgriff dabei. Ich kann es meinem eigenen Sohn nicht sagen, und mein eigener Sohn kann es von mir nicht lernen. So bin ich nun schon siebzig Jahre alt und mache in meinem Alter immer noch Räder. Die Männer des Altertums nahmen das, was sie nicht mitteilen konnten, mit ins Grab. So ist also das, was Eure Hoheit lesen, wirklich nur Abfall und Hefe der Männer des Altertums.« (Zhuangzi, XIII, 10)

Heilige Bäume

In der Gegend um Fulda ist die katholische Kirche auch heute noch sehr einflussreich. Dort liegt Bonifatius begraben. Sein Denkmal, unweit des Doms, zeigt eine düstere Gestalt mit wild entschlossenem Blick, in der einen Hand eine aufgeschlagene Bibel, in der anderen ein Kruzifix, je nach Betrachtungsweise drohend oder beschwörend erhoben. Bonifatius war ein Missionar im achten Jahrhundert, leidenschaftlich bemüht, die germanischen Stämme zum Christentum zu bekehren. Um zu beweisen, dass die Götter der alten Kulte bloße Hirngespinste seien, fällte er eine Eiche, die als Heiligtum des Gottes Donar verehrt wurde. Und tatsächlich wurde er für diesen Frevel nicht vom Blitz erschlagen (sondern erst Jahre später von Räubern).

Heute, da wir die ökologischen Folgen einer Entzauberung der Natur erleben und von daher wieder anfangen, in der Ehrfurcht vor Bäumen ein Stück Weisheit zu erkennen, liegt die Wahrheit nicht mehr so eindeutig auf der Seite des Bonifatius. Die Verehrung heiliger Bäume entspringt womöglich der Einsicht in die eigene Abhängigkeit von einer natürlichen Umgebung, die gleichzeitig Schutz und Bedrohung ist.

Das Denkmal des Bonifatius ist in gewisser Hinsicht ein Denkmal für die Respektlosigkeit gegenüber dem, was anderen heilig ist und was man selber nicht versteht. Es ist ein Denkmal für eine Haltung, die nicht nur christlichen Missionaren zu Eigen ist. Immer wieder versuchen religiöse oder ideologische Eiferer Andersgläubige zu demütigen, indem sie ihnen ihre Heiligtümer nehmen.

So wurde die Kathedrale von Sevilla an der Stelle errichtet, wo vor der Vertreibung der Mauren aus Spanien die Hauptmoschee der Stadt stand. Der über hundert Meter hohe Glockenturm der Kirche, die Giralda, war zuvor ein Minarett.

Die Hagia Sophia in Istanbul, die einstige Krönungskirche der oströmischen Kaiser, ein Wahrzeichen des byzantinischen Christentums, wurde unter den türkischen Eroberern zur Moschee. Im zwanzigsten Jahrhundert machten die Gründer der modernen Türkei um Kemal Atatürk daraus ein Museum, als Zeichen des Sieges des Säkularismus.

Strenggläubige unterscheiden sich im Umgang mit anderen Religionen oft kaum von militanten Atheisten. Man kann sich die Figur des Bonifatius auch als bolschewistischen Politkommissar vorstellen, der irgendwo in den Weiten Sibiriens einem entlegenen Volksstamm den Schamanismus austreiben will.

Dogmatiker leben in einer Welt der Feindschaft, die sie mit den Dogmatikern der anderen Richtungen teilen. Den größten Kontrast zu den fanatischen Anhängern einer Lehre bilden nicht die fanatischen Anhänger einer anderen Lehre, sondern diejenigen, die sich nicht durch Dogmen binden lassen.

Wo alle hassen, da muss man prüfen, wo alle lieben, da muss man prüfen (Konfuzius, Gespräche, XV, 27).

Lösung von Meinungsverschiedenheiten

Angenommen, ich disputierte mit dir; du besiegst mich, und ich besiege dich nicht. Hast du nun wirklich recht? Hab' ich nun wirklich unrecht? Oder aber ich besiege dich, und du besiegst mich nicht. Habe ich nun wirklich recht und du wirklich unrecht? Hat einer von uns recht und einer unrecht, oder haben wir beide recht oder beide unrecht? Ich und du, wir können das nicht wissen. Wenn die Menschen aber in einer solchen Unklarheit sind, wen sollen sie rufen, um zu entscheiden? Sollen wir einen holen, der mit dir übereinstimmt, um zu entscheiden? Da er doch mit dir übereinstimmt, wie kann er entscheiden? Oder sollen wir einen holen, der mit mir übereinstimmt? Da er doch mit mir übereinstimmt, wie kann er entscheiden? Sollen wir einen holen, der von uns beiden abweicht, um zu entscheiden? Da er doch von uns beiden abweicht, wie kann er entscheiden? Oder sollen wir einen holen, der mit uns beiden übereinstimmt, um zu entscheiden? Da er doch mit uns beiden übereinstimmt, wie kann er entscheiden?

So können also ich und du und die andern einander nicht verstehen, und da sollten wir uns von etwas, das außer uns ist, abhängig machen? Vergiss die Zeit! Vergiss die Meinungen! Erhebe dich ins Grenzenlose! Und wohne im Grenzenlosen! (Zhuangzi, II, 10)

Die Weisheit der Karten

Ich glaubte zu wissen, was Menschen wie Bonifatius antreibt. Ich hatte als Kommunist erfahren, wie sich missionarischer Eifer von innen anfühlt. Umso mehr schreckte mich nun alles Dogmatische und jeder Drang, andere von etwas zu überzeugen. Jede feste Position betrachtete ich als Erstarrung. Gegenüber Meinungen war ich misstrauisch geworden. Auch gegenüber meiner eigenen. Anstatt mich festzulegen, wollte ich mein Denken zu einem Ort der Begegnung aller möglichen Ansichten werden lassen. Ich wollte kein Christ, Buddhist, Rationalist, Agnostiker oder was auch immer sein, aber ich wollte wissen, wie ich in einer bestimmten Situation als Christ, Buddhist, Rationalist oder Agnostiker fühlen, denken und handeln würde.

Eigentlich war dieses Nebeneinander von Unvereinbarem gar nicht neu für mich, nur dass es mich jetzt nicht mehr befremdete, sondern inspirierte. Nun konnte ich mir eingestehen, dass mein geschlossenes atheistisch-materialistisches Weltbild von früher ohnehin nur wie eine dünne Eisdecke auf einem See gewesen war. Darunter verborgen, jenseits meiner Wahrnehmung, hatten schon immer andere Welten gelegen.

Früher musste ich auf dem Heimweg von politischen Versammlungen oft spät in der Nacht am Friedhof des Nachbardorfes vorbei. Er lag umgeben von offenem Feld und Wald auf einem Hügel – eine ideale Gruselfilm-Kulisse. Warum nur jagte mir dieser Ort immer einen solchen Schauder ein? Ich glaubte doch nicht an Geister. Die Toten waren tot.

Später, als ich wieder auf die Schule ging, gab es in der Parallelklasse eine Frau, die sich mit Wahrsagerei beschäftigte. Natürlich glaubte ich nicht daran. Aber irgendwie interessierte es mich doch, was sie mir prophezeien würde. Sie musste lachen: »Jetzt also auch du! Der einzige Marxist an der Schule, der mich noch nicht nach der Zukunft gefragt hat. Schon lustig, dass gerade ihr euch von dem esoterischen Kram, den ihr verachtet, insgeheim so angesprochen fühlt.«

Es war auch in meiner marxistischen Zeit, als mir ein Mitbewohner seine Tarot-Karten zeigte. Nahm er das wirklich ernst? Ich wunderte mich sehr über ihn. Aber auch über mich, denn trotz aller Ablehnung konnte ich es doch nicht vor mir verbergen, wie sehr die Bilder der Karten sofort meine Aufmerksamkeit auf sich zogen. Schnell verlor ich mich in den vieldeutigen Geschichten, die sich darin verbargen.

Nach und nach schwand meine ideologische Hemmung, mich mit solchen Dingen zu beschäftigen. Ich war frei, mit Denkweisen zu spielen, die sich gegenseitig ausschlossen. Je weniger sie zusammenpassten, desto größer waren Herausforderung und Vergnügen. Konnte ich meinen Verstand durch eine rationale Erklärung dessen, was er als Spinnerei abtat, von seinen Schulbuchweisheiten weglocken? Ich probiere es am Beispiel von Tarot-Befragungen:

Wenn ich vor einer wichtigen Entscheidung stehe, so erklärte ich meinem inneren Skeptiker, dann ist es sinnvoll, dass ich die Sache von mehreren Seiten betrachte: Was ist das Problem? Was ist der Hintergrund? Was ist die Ursache? Was sind die möglichen Folgen? Was kann als nächstes geschehen? Was ist der eigene Anteil an der Situation? Was kommt von außen hinzu? Welche Hoffnungen und Ängste sind damit verbunden? Und was folgt aus dem Zusammenspiel dieser vielen Faktoren?

Bei Tarot-Befragungen gibt es ein Legemuster, bei dem sich jeweils eine Karte auf genau eine dieser Fragen bezieht. Außerdem lassen sich die Karten den vier klassischen Elementen Erde, Wasser, Luft und Feuer zuordnen. Erde steht für die Sinne, Wasser für die Gefühle, Luft für das Denken und Feuer für den Willen. All diese Aspekte zu erwägen, kann nicht unvernünftig sein.

Da nun also die Fragen, die beim Kartenlegen aufgeworfen werden, beim Nachdenken über fast jedes Problem bedenkenswert sind, wie sollten die Karten da nicht helfen, sich über viele Dinge klar zu werden? Dazu muss man weder an etwas Übersinnliches glauben, noch muss man dem Tarot geheimnisvolle Kräfte zuschreiben.

Natürlich gibt es auch Leute, die magischen Vorstellungen gegenüber aufgeschlossener sind. Für sie gibt es genaue Rituale beim Legen der Karten. Man muss sich beim Mischen ganz auf seine Frage konzentrieren. Beim Ziehen kann man dann an der Vibration spüren, welche Karte die Richtige ist.

Ich habe es probiert. Da war tatsächlich ein leichtes Kribbeln in meinen Fingern. Ich zog die entsprechende Karte. Welches Geheimnis würde sie mir wohl verraten? Ich drehte sie um.

Nun, sie verriet mir, dass ich vergessen hatte, das Deckblatt zu entfernen.

Vierter Teil
Tun und Nichtstun

Glück

Gibt es auf Erden überhaupt ein höchstes Glück, oder gibt es keines? Gibt es einen Weg, sein Leben zu wahren, oder gibt es keinen? Was soll man tun, woran soll man sich halten? Was soll man meiden, wo soll man bleiben? Wem soll man sich zuwenden, wovon soll man sich abwenden? Worüber soll man glücklich sein, was als Unglück betrachten? Was man auf Erden hochzuhalten pflegt, ist Reichtum, Ehre, langes Leben, Tüchtigkeit. Was man für Glück zu halten pflegt, ist ein gesunder Leib, Genüsse der Nahrung, schöne Kleider, Augenlust und die Welt der Töne. Was man für unwert hält, ist Armut, Niedrigkeit, früher Tod und Schlechtigkeit. Was man für Unglück hält, ist, wenn der Leib nicht sein Behagen findet, wenn der Mund nicht seine Genüsse findet, wenn man sich nicht in schöne Kleider hüllen kann, wenn man sich nicht ergötzen kann an schönen Farben und der Welt der Töne. So härmen die, denen diese Dinge nicht zuteil werden, sich mit viel Kummer und Furcht ab. In ihrer Sorge für das Leben sind sie zu Toren geworden. (Aber auch denen, die das Glück besitzen, geht es nicht besser.) Die Reichen mühen sich ab in harter Arbeit und sammeln viele Schätze, die sie doch nicht aufbrauchen können. In ihrer Sorge für das Leben haben sie sich an die Außenwelt verloren. Die Vornehmen fügen die Nacht zum Tag, um darüber nachzudenken, was sie fördert oder hindert. In ihrer Sorge für das Leben werden sie sich selber fremd. (Zhuangzi, XVIII, 1)

Die Erprobung der Leere

Ja, renn nur nach dem Glück
Doch renne nicht zu sehr
Denn alle rennen nach dem Glück
Das Glück rennt hinterher.
(Bertolt Brecht: Dreigroschenoper. Ballade von der Unzulänglichkeit menschlichen Planens)

Die Zeit nach dem Studium ist üblicherweise die Zeit der Arbeitssuche. Man ist bestrebt, erste Schritte in seiner Karriere zu machen. Doch das war nichts für mich. Ich wollte mir nicht gegen Bezahlung von anderen diktieren lassen, womit ich mich zu beschäftigen hätte. Wie sollte ich dann eine Antwort auf die entscheidende Frage finden: Was macht ein gelungenes Leben aus? Solange ich das nicht wusste, war jede Beschäftigung, die mich davon ablenkte, bloß vertane Zeit. Ich war nicht bereit, mit anderen um die immer knapper werdenden Stellen zu konkurrieren. Gerne ließ ich ihnen den Vortritt.

Huizi war Minister im Staate Liang. Zhuangzi ging einst hin, ihn zu besuchen. Da hinterbrachte es jemand dem Huizi und sprach: »Zhuangzi ist gekommen und möchte Euch von Eurem Platze verdrängen!«

Darauf fürchtete sich Huizi und ließ im ganzen Reiche nach ihm suchen, drei Tage und drei Nächte lang. Danach ging Zhuangzi hin und suchte ihn auf.

Er sprach: »Im Süden gibt es einen Vogel, der heißt der junge Phönix. Ihr kennt ihn ja wohl? Dieser junge Phönix erhebt sich im Südmeer und fliegt nach dem Nordmeer. Er rastet nur auf heiligen Bäumen; er isst nur von der reinsten Kost und trinkt nur aus den klarsten Quellen. Da war nun eine Eule, die hatte eine verweste

Maus gefunden. Als der junge Phönix an ihr vorüberkam, da sah sie auf und erblickte ihn. (Besorgt um ihre Beute) schrie sie: Hu! Hu! Nun wollt Ihr mich wohl auch von Eurem Staate Liang hinweghuhuen?« (Zhuangzi, XVII, 11)

Ich fasste einen Entschluss, der meinem Leben eine neue Richtung gab. Ein Jahr lang wollte ich nichts tun, zumindest in beruflicher Hinsicht – und mich dabei beobachten. War ich überhaupt zur Muße fähig? Wenn die Langeweile kam, wollte ich mich ihr hingeben. Ich wollte wissen, was jenseits davon lag.

Der knorrige Baum

Meister Qi vom Südweiler wanderte zwischen den Hügeln von Shang. Da sah er einen Baum, der größer war als alle anderen. Tausend Viergespanne hätten in seinem Schatten Platz finden können.

Der Meister Qi sprach: »Was für ein Baum ist das! Der hat gewiss ganz besonderes Holz.«

Er blickte nach oben, da bemerkte er, dass seine Zweige krumm und knorrig waren, so dass sich keine Balken daraus machen ließen. Er blickte nach unten und bemerkte, dass seine großen Wurzeln nach allen Seiten auseinandergingen, so dass sich keine Särge daraus machen ließen. Leckte man an einem seiner Blätter, so bekam man einen scharfen, beißenden Geschmack in den Mund; roch man daran, so wurde man von dem starken Geruch drei Tage lang wie betäubt.

Meister Qi sprach: »Gerade weil er nutzlos ist, ist dieser Baum so groß geworden. Genau aus diesem Grunde bleibt auch der Weise nutzlos.« (Zhuangzi, IV, 5)

Muße als Versuch und Versuchung

Es braucht viel Zeit, ein Genie zu sein, man muss so viel herumsitzen und nichts tun, wirklich nichts tun. (Gertrude Stein, Jedermanns Autobiographie)

Ein Jahr lang Nichtstun – das war also mein neues Projekt. Dass ich kein Geld hatte und auf staatliche Unterstützung angewiesen war, störte mich wenig. Aus meiner kommunistischen Zeit war ich es gewohnt, den Staat als Machtinstrument der Banken und Konzerne zu sehen. Außerdem war ich jahrelang in der Friedensbewegung aktiv gewesen und fest davon überzeugt, dass volle Staatskassen ohnehin nur dazu dienten, noch mehr Waffen zu kaufen. Da empfand ich mein Muße-Experiment als sinnvollere Verwendung von Steuergeldern.

Doch das rhetorische Geschick, mit dem ich mir selbst bescheinigte, das, wozu ich Lust hatte, sei obendrein auch das moralisch Beste, verfing nicht ohne Weiteres bei anderen. Gelegentlich stieß mein Verhalten auf heftige Ablehnung. Ich musste mich gegenüber den Wertvorstellungen der Arbeitsgesellschaft verteidigen. Martina und ich kamen auf die Idee, ein Buch zu schreiben, das den Titel *Ansätze zu einer Kunst des Müßiggangs – Versuche und Versuchungen* tragen sollte. Wir verfassten ein kurzes Exposee und schickten es an diverse Verlage.

Ein Verleger fühlte sich offenbar ganz persönlich in seinem Arbeitsethos getroffen. Er schickte uns handschriftlich eine wütende Absage mit dem Rat, doch lieber spazieren zu gehen. Eigentlich hatte er Recht. Sonst wäre die Muße Theorie geblieben.

Seitdem sind etliche andere Bücher zu diesem Thema erschienen, sodass ich es nicht bereue, dass wir nicht über das Exposee hinausgekommen sind. Wenn ich es aber durchblättere, dann erscheint es mir auch nach mehr als zwanzig Jahren noch hochaktuell:

Es werden immer mehr Waren mit immer weniger Aufwand produziert. Es werden immer mehr Bedürfnisse produziert, um diese Waren zu verkaufen. Schon jetzt sind die ökologischen Folgen dieser Entwicklung verheerend. „Arbeit für alle", das wäre der direkte Weg in die ökologische Katastrophe.

Seit einiger Zeit ist viel vom Ende der Arbeitsgesellschaft die Rede. Das hört sich gut an. Aber Arbeit ist für viele Identität, Lebenssinn, Zeitvertreib, bedeutet Selbstbestätigung, Sicherheit, Ordnung. Arbeit ist für viele eine Norm, die nicht zur Debatte steht.

Ein Abschied von der Arbeit ist nur möglich, wenn dadurch neue Räume erschlossen werden können, wenn Müßiggang mehr ist als Arbeitslosigkeit. Müßiggang ist keine angeborene Fähigkeit. Er erfordert Wissen, Genussbereitschaft, Geschick. Müßiggang ist eine Kunst. Natürlich kann man auch einfach nichts tun. Ebenso natürlich, wie man keine Kochkunst braucht, um satt zu werden und keine Liebeskunst, um zu vögeln.

Dieses Buch ist für alle gedacht, die mehr wollen. Leider können wir kein Lehrbuch über die Kunst des Müßiggangs anbieten. Diese Kunst ist im Laufe mehrerer Jahrhunderte bürgerlicher Arbeitsmoral in Vergessenheit geraten. Was fehlt, sind positive Vorbilder für den Müßiggang und historisches Wissen über ihn und seine Gegenspielerin, die Arbeit. Diesem Mangel wollen wir mit unserem Buch abhelfen. Außerdem halten wir es für nötig, den Müßiggang von dem schlechten Gewissen zu befreien, das ihm heute anhaftet. Wir hoffen, damit Diskussionen herauszufordern und eine fast schon verloren gegangene Kunst nach und nach wieder mit Leben zu füllen.

Wir fanden im etymologischen Wörterbuch heraus, dass *Muße* vom Ursprung her mit müssen verwandt ist und soviel bedeutet wie *Gelegenheit oder Möglichkeit, etwas tun zu können*. In dem Wort spiegelt sich also die Erkenntnis: Nur, wer die Hände frei hat, ist in der Lage, im rechten Moment zuzupacken. *Arbeit* hingegen hatte ursprünglich eine negative Bedeutung. Das Wort stammt von einem Verb ab, das *verwaist sein, ein zu schwerer körperlicher Tätigkeit verdingtes Kind sein*, bedeutet.

Für unser Exposee entwarfen wir fiktive Wörterbucheinträge:

Arbeit w: 1) ökon.: sich verselbstständigendes Mittel der Existenzsicherung (Arbeit-Frust-Konsum-Spirale) 2) soziol.: Methode der Identitätsbildung u. der Bestimmung des gesellschaftl. Ranges, vor allem von Männern favorisiert → Heiratsanzeigen 3) biol.: bezeichnender Unterschied zwischen Affenrudel und Menschengesellschaft (F. Engels) 4) ideal.: menschl. Selbstverwirklichung aufgrund grundlegendem Bedürfnis nach schöpferischer Betätigung, umfasst alle Bereiche menschl. Lebens → Müßiggang 5) phys.: Kraft mal Weg 6) hist.: moralische Kategorie, entstanden im Zuge der Herausbildung der bürgerl. Gesellschaft → Protestantismus 7) psych.: destruktiver Trieb, schrittweise Selbstvernichtung durch Vernichtung der ökol. Lebensgrundlagen unter dem Vorwand der Selbsterhaltung → Todestrieb

Müßiggang m: 1) hist.: altes Adelsprivileg, während der Entwicklung der bürgerl. Gesellschaft in Misskredit geraten (vgl. Volksw. ‚Arbeit adelt') 2) ideal.: menschl. Selbstverwirklichung aufgrund grundlegendem Bedürfnis nach schöpferischer Betätigung, umfasst alle Bereiche menschl. Lebens → Arbeit 3) ökon.: Freizeit, zweckgerich-

teter M. zur Reproduktion der Arbeitskraft (entfremdeter M.), daraus resultierend die Vorstellung eines zwecklosen M. (umgspr.: herumhängen) → Arbeitslosigkeit → horror vacui 4) soziol.: Statussymbol, demonstrativer M. von Frauen zur Demonstration der ökon. Potenz ihres Gatten, vor allem im 19. Jh. → Arbeitsteilung 5) volkst.: aller Laster Anfang 6) psych.: Voraussetzung grundlegender Selbsterkenntnis, Form der Eigentherapie → vita contemplativa 7) philos.: Reflex einer Ideosynkrasie gegen den moralischen Imperativ, das Gemeinwohl über das Eigenwohl zu stellen

Wir malten uns eine Welt aus, in der man beim Arbeiten ein schlechtes Gewissen hat:

In dieser Welt schreiben besorgte Mütter hilfesuchend an die Kummerkastentanten der Fernsehzeitschriften:

»Auch ich muss Sie nun einmal um Rat fragen, denn ich habe niemanden, mit dem ich über dieses Problem sprechen könnte. Mein Sohn arbeitet nun schon seit drei Jahren ununterbrochen. Habe ich etwas falsch gemacht? Ist er vielleicht krank?«

Boulevardblätter titeln:

»Anonyme Arbeiter und Work Watchers jetzt auch in Deutschland«.

Frauenillustrierte nehmen sich des neuen Tabuthemas an:

»›Ich brauchte Arbeit. Was sollte ich tun?‹ Der Fall von Manuela S. ist gar nicht so selten. Es gibt sie wirklich: Menschen, die ohne Arbeit unglücklich sind. Und es gibt immer wieder Versuche, aus diesem Unglück Kapital zu schlagen. Das Angebot reicht von Akupunktur bis Zen-Meditation. Alternativen zur herkömmlichen Therapie? Wir haben uns für Sie umgesehen…«

Die Gewerkschaften stehen wie immer auf der Seite des Fortschritts:

»›Sie fordern in der kommenden Tarifrunde einen mindestens fünfzehnprozentigen Abbau von Arbeitsplätzen. Die Unternehmer werfen ihnen mangelnden Realitätssinn vor.‹

›Das ist Unsinn. Wir haben nachgewiesen, dass noch wesentlich mehr Arbeitsplätze wegrationalisiert werden könnten, wenn die Unternehmer nicht nur aus Rentabilitätsgründen modernisieren würden.‹

›Die Unternehmerseite wirft ihnen vor, das Gespenst der Vollbeschäftigung an die Wand zu malen.‹

›Wir haben im Moment eine Beschäftigungsquote von über fünfzig Prozent. Damit hinken wir den meisten Industrienationen weit hinterher. Wenn die Unternehmer jetzt nicht investieren, haben wir in zehn Jahren Zustände wie einst im Sozialismus.‹«

Muße als alte Kunst

Wir durchforsteten die europäische Geistesgeschichte nach Verbündeten, die uns dabei helfen könnten, die Arbeit vom Thron zu stoßen. Wir lernten die Unlust zur Arbeit bei den alten Griechen kennen. Dass aus ihrem Wort für Muße, *scholé* unser Wort *Schule* hervorgegangen ist, weist bereits darauf hin, dass sie Geistesbildung für unvereinbar mit geschäftigem Treiben hielten. Dieses nannten sie *ascholé (Nicht-Muße)*. Ähnlich sahen es auch die alten Römer, deren Wort *negotium* für *Aufgabe, Geschäft* ebenfalls die Verneinung des Begriffs für Muße, *otium* ist. Noch im modernen Spanisch sind die daraus entstandenen Wörter *ocio* und *negocio* in Gebrauch.

Aristoteles war der Meinung, dass wir überhaupt nur um der Muße willen unmüßig sind:

Denn die Muße, um noch einmal von ihr zu reden, ist der Angelpunkt, um den sich alles dreht. Denn wenn auch beides sein muss, so ist doch das Leben in Muße dem Leben der Arbeit vorzuziehen, und das ist die Hauptfrage, mit welcher Art Tätigkeit man die Muße auszufüllen hat. Man wird doch wohl nicht behaupten wollen, dass man sie auf eitles Spiel verwenden müsse. Dann wäre ja das Spiel der Zweck unseres Daseins. Wenn das aber unmöglich ist, und man des Spieles vielmehr bei der Arbeit pflegen soll - denn der Müde braucht Erholung, und das Spiel ist der Erholung wegen, und die Arbeit geschieht mit Mühe und Anstrengung -, nun, so folgt, dass man dem Spiele nur mit Beobachtung der rechten Zeit seiner Anwendung Raum geben darf, indem man es wie eine Medizin gebraucht. Denn eine solche Bewegung der Seele ist Ausspannung und wegen der damit verbundenen Lust Erholung. Die Muße dagegen scheint Lust, wahres Glück und seliges Leben in sich selbst zu tragen. Das ist aber nicht der Anteil derer, die arbeiten, sondern derer, die feiern. Denn wer arbeitet, arbeitet für ein Ziel, das er noch nicht erreicht hat, das wahre Glück aber ist selbst Ziel und bringt, wie allen feststeht, nicht Schmerz, sondern Lust. (Aristoteles, Politik, 1337b)

Tiefen Eindruck machte auf uns ein Buch des katholischen Philosophen Josef Pieper mit dem Titel *Muße und Kult*. An einer Stelle vergleicht er das moderne Arbeitsethos mit Vorstellungen im Mittelalter:

Von der (...) Gestalt des »Arbeiters« her – wir fanden sie geprägt vor allem durch diese drei Züge: äußerste Ange-

spanntheit der aktiven Kraft, beziehungslose Leidensbereitschaft, restlose Einfügung in das rationale Planungssystem der sozialen Brauchbarkeitsorganisation –, von diesem Bilde des „Arbeiters" her kann die Muße nur wie etwas ganz und gar nicht Vorgesehenes erscheinen, wie etwas völlig Fremdartiges, Ungereimtes, ja Unsinniges, moralisch gesprochen: wie etwas Ungehöriges, wie ein anderes Wort für Müßiggang und Trägheit.

Wohingegen die Lebenslehre des Hochmittelalters genau das Umgekehrte sagt: Gerade die Mußelosigkeit, die Unfähigkeit zur Muße hänge mit der Trägheit zusammen; die Rastlosigkeit des Arbeitens um der Arbeit willen entspringe gerade aus der Trägheit. Es ist dies eine merkwürdige Zuordnung, dass also die Rastlosigkeit eines selbstmörderischen Arbeitsfanatismus gerade aus einem Mangel an Verwirklichungswillen herrühren soll. (Josef Pieper, Muße und Kult, S.81)

Diese hier beschriebene Form der Trägheit erklärt Pieper genauer:

Acedia – das ist die »Verzweiflung der Schwachheit« von der Kierkegaard gesagt hat, sie liege darin, dass einer »verzweifelt nicht er selbst« sein wolle. Der metaphysisch-theologische Begriff der Trägheit bedeutet also, dass der Mensch seinem eigenen Sein letztlich nicht zustimmt; dass er hinter aller energischen Aktivität, dennoch nicht eins ist mit sich selbst; dass ihn, wie das Mittelalter es ausgedrückt hat, Traurigkeit erfasst, angesichts des göttlichen Gutes, das in ihm selber wohnt (...). (Pieper, S.82)

Etwas später fasst Pieper den Begriff der Muße folgendermaßen:

Muße ist eine Gestalt jenes Schweigens, das eine Voraussetzung ist für das Vernehmen von Wirklichkeit: nur der Schweigende hört; wer nicht schweigt, hört nicht. Solches Schweigen ist nicht stumpfe Lautlosigkeit, nicht totes Verstummen; es bedeutet vielmehr, dass der dem Seienden auf Grund ewiger Zuordnung ent-»sprechenden« Antwortkraft der Seele nicht ins Wort gefallen werde. Muße ist die Haltung des empfangenden Vernehmens, der anschauenden, kontemplativen Versenkung in das Seiende.

In der Muße ist überdies etwas von der Heiterkeit des Nichtbegreifenkönnens, von der Anerkennung des Geheimnischarakters der Welt, von der Starkherzigkeit des blinden Vertrauens, das den Dingen ihren Lauf zu lassen vermag, es ist etwas darin von dem »Vertrauen auf das Fragmenthafte, das eben das Leben und das Wesen der Geschichte bildet.« (Pieper, S.86f)

Muße in der Praxis

Wer nicht handelt, dem steht die Welt zur Verfügung und er hat Überfluss. Wer handelt, der steht der Welt zur Verfügung und hat Mangel. (Zhuangzi, XIII, 3)

Mein Muße-Experiment bescherte mir eine intensiv erlebte Zeit. Ich machte viele Spaziergänge. Ich schlenderte durch belebte Straßen, stille Vorortsiedlungen, verlassene Industriegebiete, beobachtete die Enten auf der Alster und die ein- und auslaufenden Schiffe auf der Elbe.

Ich hörte viel Musik.

Ich tanzte viel.

Ich nahm mir Zeit, meine Lust zu kultivieren. Ich begann im Kamasutra zu lesen. In diesem altindischen Lehrbuch der Liebe ist von vierundsechzig Künsten die Rede, die zur Kultivierung der Sinnlichkeit beitragen:

Gesang, Instrumentalmusik, Tanz, Zeichnen, das Einritzen von Zeichen, Verfertigen mannigfacher Linien aus Reis und Blumen, (kunstgerechtes) Blumenstreuen, Zähne und Gewänder zu färben, Auslegen des Bodens mit Juwelen, Herstellung des Lagers, Wassermusik, das Schlagen mit Wasser, wunderbare Kniffe, die verschiedenen Arten Kränze zu winden, die Anordnung von Diademen und Kronen, Toilettenkünste, die verschiedenen Arten die Ohren zu schmücken, das Mischen von Wohlgerüchen, das Anlegen von Schmucksachen, Zauberei, die Kniffe des Kucumāra, Geschicklichkeit der Hände, die Verfertigung der verschiedenen Arten von Gemüse, Brühen und Speisen, die Herstellung von Getränken, Fruchtsäften, Würzen und Likören, die Arbeiten des Webens mit der Nadel, das Fadenspiel, das Musizieren auf der Laute und der Trommel, Rätselspiel, Versespiel, das Hersagen schwerer Worte, das Vorlesen von Büchern, Kenntnis des Schauspieles und der kleinen Erzählungen, Ergänzung eines gegebenen Verses eines Gedichtes, die verschiedenen Arten, Zeug und Rohr zu flechten, Drechslerarbeiten, Behauen, Baukunst, Prüfen von Silber und Edelsteinen, Metallurgie, Kenntnis des Färbens und der Herkunft der Juwelen, Anwendung der Lehre von der Pflege der Bäume, Einrichtung der Kämpfe von Widdern, Hähnen und Wachteln, Sprechenlehren der Papageien und Predigerskrähen, Erfahrung im Frottieren, Massieren und Frisieren des Haares, das Erzählen vermittelst der Fingersprache, die verschiedenen Arten verabredeter Sprachen, Kenntnis der Dialekte, die Kunst der Blumenwagen, Kenntnis der Vorzeichen, Alphabet der Diagramme, Kenntnis des Abc der Gedächtniskunst, Zusammendeklamieren, Geistspiel, Anfertigung von Gedich-

ten, Kenntnis des Lexikons, Kenntnis der Metrik, Kenntnis der literarischen Arbeit, Vortrag von Liedern unter Gestikulationen, das Verstecken in Kleidern, die verschiedenen Glücksspiele, das Würfelspiel, die Spiele der Kinder, und die Kenntnis der Wissenschaft des guten Tones, der Strategie und der körperlichen Übungen: das sind die vierundsechzig einzelnen Nebenzweige des Lehrbuches der Liebe. (Vatsyayana, Kamasutra, 1. Teil, 3. Kapitel)

Ich überlegte, wie eine vergleichbare Liste von Künsten für heutige Menschen aussehen könnte und begann, an meinen ganz persönlichen 64 Künsten zu feilen.

Mein Mußejahr ging schließlich zu Ende, doch ich hätte am liebsten weiter so gelebt. Aber Abhängigkeit vom Staat war keine Dauerlösung. Notgedrungen ging ich zur Jobvermittlung. Ja, ich könne Englisch. Ich bekam die Telefonnummer einer Verlagsagentur. Klingt gut, dachte ich, genau das Richtige für einen Bücherfreund wie mich.

Die dunkle Seite der Klugheit

Ich bekam den Job sofort. Meine Aufgabe war es, Antworten auf Fragebögen in Piktogramme zu verwandeln. Die Fragebögen waren von Hoteldirektoren aus aller Welt ausgefüllt worden. Sie hatten auf die Anfrage eines internationalen Hotelführers geantwortet, der ihnen angeboten hatte, Informationen über ihr Hotel rund um den Globus zugänglich zu machen. Damals, in der Zeit vor dem Internet, war das noch keineswegs selbstverständlich. Die Fragebögen waren so gestaltet, dass die meisten nicht merkten, dass sie mit ihrer Unterschrift zugleich der Schaltung einer teuren Anzeige in dem Hotelführer zustimmten.

Die Hoteliers wussten auch nicht, dass die Gesamtauflage des Buches nicht wesentlich über die Anzahl der Belegexemplare hinausging, die an die zahlenden Anzeigenkunden geschickt wurden. Eine eigene Vertriebsabteilung war deshalb nicht nötig. Die Hälfte der Angestellten war damit beschäftigt, die Fragebögen in ein Buch mit standardisierten Werbeanzeigen zu verwandeln, die andere Hälfte schrieb Mahnungen an »Kunden« und drohte mit juristischen Schritten, wenn sie nicht zahlten.

Der Chef der Firma fuhr einen schicken Sportwagen. Eines Abends hatte er sein Auto in der Nähe eines Punkkonzerts geparkt. Es wurde von Randalierern beschädigt. Er war zutiefst empört, dass es Menschen gab, die so wenig Respekt vor fremdem Eigentum hatten. Recht und Gesetz waren ihm heilig. Sie waren schließlich sein Jagdrevier. Er kannte die Paragraphen und wusste, wo es etwas zu holen gab.

Nimmt die Kenntnis von Bogen, Armbrüsten, Fangnetzen, Pfeilen und allerhand Schusswaffen zu, so kommen die Vögel unter dem Himmel in Verwirrung. Nimmt die Kenntnis von Angeln, Ködern, Netzen, Reusen und allerhand Fanggeräten zu, so kommen die Fische im Wasser in Verwirrung. Nimmt die Kenntnis von Fallen und Schlingen, Netzen und allerhand Fallstricken zu, so kommen die Tiere des Feldes in Verwirrung. Nimmt die Kenntnis von Falschheit, langsam wirkenden Giften, glatten Lügen, logischen Spitzfindigkeiten und allerhand Disputierkünsten zu, so werden die Sitten unsicher durch Sophisterei. Darum, jedes einzelne Mal, wenn die Welt in große Unordnung kommt, so ist die Schuld daran die Überschätzung der Erkenntnis. Wenn alle Menschen auf der Welt nur davon wissen wollen, nach dem zu streben, was sie nicht wissen, und nichts davon wissen wollen, zu streben nach dem, was sie schon wissen, und alle nur davon wissen wollen, zu tadeln, was sie nicht für gut finden, und nichts davon wissen wollen, zu tadeln, was sie für gut halten, so führt das zu den größten Unordnungen. Dadurch verfinstert sich der Schein von Sonne und Mond, dadurch versiegt die Lebenskraft von Berg und Fluss, dadurch verwirrt sich der Gang der Jahreszeiten. Bis hinunter zum kleinsten Würmchen und zur kleinsten Fliege verliert alles seine wahre Natur. Also verwirrt die Überschätzung der Erkenntnis die Welt. So geht es nun seit Anbeginn der Weltgeschichte: man vernachlässigt das einfache, arbeitsame Volk und ergötzt sich am Geschwätz unruhiger Köpfe. Man wendet sich ab vom anspruchslosen Nichthandeln und ergötzt sich an gleißenden Ideen. Durch diese Gleißnerei kommt die Welt in Unordnung. (Zhuangzi, X, 3)

Ich war nur kurze Zeit bei jener Verlagsagentur, aber nach meiner Mußezeit, in der Geldverdienen und Karriere keine Rolle gespielt hatten, war die Konfrontation mit dieser Parallelwelt ein Kulturschock. War etwa grundsätzlich alles gerechtfertigt, was das Bruttoinlandsprodukt steigerte? Richtete ein ehrlicher Arbeitsloser nicht weniger Schaden an, als jemand, der die Gesetze nach ihren Schwachstellen absuchte, um an anderer Leute Geld zu kommen?

Wozu Güter schaffen, so fragte ich mich, wenn ohnehin schon mehr produziert wurde, als unser Planet auf Dauer verkraftete? Wozu das Wissen vermehren, wenn nicht feststand, wer dieses Wissen zu welchem Zweck benutzen würde? Wozu den Fleiß hochhalten, wenn vieles besser ungetan bliebe?

Ein erfülltes Arbeitsleben, an dessen Ende man voller Stolz auf das Erreichte zurückblickt, schien ein naiver Wunsch aus einer anderen Zeit zu sein. Goethe hatte seinem Faust als letzte Worte in den Mund gelegt:

Zum Augenblicke dürft' ich sagen:
Verweile doch, du bist so schön!
Es kann die Spur von meinen Erdentagen
Nicht in Äonen untergehn. –
Im Vorgefühl von solchem hohen Glück
Genieß' ich jetzt den höchsten Augenblick.
(Johann Wolfgang Goethe, Faust II, fünfter Akt)

Ich konnte diese Verse nicht mehr lesen, ohne dabei an Abfallberge, verseuchte Meere und atomaren und chemischen Müll zu denken. War es da nicht besser, seine Erdentage zu verbringen, ohne überall seine Spur zu hinterlassen?

Wenn höchstes Leben auf Erden herrscht, so achtet man die Würdigen nicht für etwas Besonderes und sucht sich nicht die Tüchtigen aus. Die Oberen sind auf ihrem Platz wie die Zweige am Baum, und die Leute sind wie das Reh auf dem Feld. Sie sind ehrlich und aufrichtig und wissen nicht, dass sie damit ihre Pflicht tun. Sie haben einander gern und wissen nicht, dass sie damit Liebe üben. Sie sind wahrhaft und wissen nicht, dass sie damit Treue üben. Sie sind zuverlässig und wissen nicht, dass sie damit Glauben üben. Bieder in ihrem Wesen sind sie einander zu Gefallen und wissen nicht, dass sie damit Gnade üben. Darum hinterlassen ihre Taten keine Spur, und ihre Werke werden nicht erzählt. (Zhuangzi, XII, 14)

Fünfter Teil
Die Fülle eines Augenblicks

Der Magier

Unter den Tarot-Karten gibt es eine, die mich damals besonders ansprach. Sie heißt der Magier und zeigt einen Mann, der mit einer Hand einen Stab emporhält, während er die andere nach unten richtet. So leitet er Energie vom Himmel zur Erde. Er öffnet sich für eine Kraft, die weit über seine eigenen Fähigkeiten hinausgeht, und lässt sie durch sich hindurch in Erscheinung treten. Er schöpft nicht aus sich selbst, sondern macht sich zum Medium für etwas Größeres, das durch ihn hindurchfließt. Er ist bloß ein leeres Gefäß und dadurch kann er wirken. Das wollte ich ausprobieren. Nicht planen, sondern geschehen lassen. Darauf warten, dass die Dinge von selbst Sinn bekommen.

Die Schwere der Wegweiser, ihre Spuren in der Luft sind nichts für streunende Hunde mit großen Augen. Wo sich die Mandelbäume dem Sommer unterwerfen, da ist der Schatten nur noch eine Frage der Zeitungen. Die morgengrauen Schuhe über das Bett gestutzt, reiten die letzten Hunnen in den Staub des Mittags. Die Kehlen der Singvögel entsteigen einem Krater fern der Stadt. Zwischen die Stufen der Steine sind Olivenbäume geworfen.

Es war ein bedeutender Augenblick für unsere Stadt, als nach langen Mühen die letzten Passagiere auf der Platte angelötet wurden, sodass jetzt doppelt so viele Schaltungen möglich waren wie dieser Ort, der erst im siebzehnten Jahrhundert ehrenamtlich erwähnt wurde, vom ersten Bürgermeister bis zum Ministerialrat aufgeschlagen und mit fünf zu vier in Führung liegt.

Écriture automatique (automatisches Schreiben) ist eine Technik, die bei den Surrealisten beliebt war. Man schreibt Wörter nieder, die einem in den Sinn kommen, und kümmert sich nicht um Zusammenhang, Richtigkeit und Verständlichkeit. Man gibt die Kontrolle auf und lässt den Text frei fließen. Später kann man ihn dann untersuchen, auf Botschaften aus dem Unbewussten oder worauf auch immer. Ein lustiges Spiel. Oder mehr? Das wollte ich herausfinden.

Wir wissen noch zu wenig von der Drift der Ringelnatter. An den Haken und Ösen der Bäume räkelt sich ein Blatt, bis es satt in die Asche fällt. Schwefel und Hunde gehen über das Brachland, das zwischen den Bergen hereinbricht. Durst nach Trauben biegt mir die Blicke in alle Richtungen. Stunden vergehen, Stunden verstehen.

Ich kam wieder von diesen Versuchen ab. Zu viel Sprache. Ich war lange genug in der Welt der philosophischen Systeme und gesellschaftlichen Theorien gefangen gewesen. In der Welt der Sprache. Wozu sollte ich mich so eindringlich mit Worten befassen? Ich hatte nichts Wichtiges mitzuteilen. Ich wollte nicht theoretisieren. Ich wollte tanzen.

Und ich tanzte. Stundenlang. Nächte hindurch. Wo immer sich die Gelegenheit bot, notfalls auch alleine in meinem Zimmer. Tanzen erwies sich als Wundermittel gegen Grübeleien. Der innere Monolog, in dem ich sonst meistens gefangen war, hatte der Macht der Rhythmen wenig entgegenzusetzen und versiegte. Doch schließlich wurden mir die Beine schwer und mit der Erschöpfung der Glieder kamen die Gedanken wieder zurück. Das Dionysische unterlag erneut dem Apollinischen. Dennoch hatte es seine Spuren hinterlassen. Was ich im Tanz gefunden hatte, das suchte ich jetzt auch anderswo.

Eines Tages war ich bei einer befreundeten Künstlerin zu Besuch. Sie spielte gerade Bongos. Plötzlich hatte sie den Einfall, ein Blatt Papier darüber zu legen, und dann mit Wachsmalkreiden darauf zu trommeln. Mit geschlossenen Augen. Nach kurzer Zeit war ein ausdrucksstarkes Muster entstanden.

Sofort war ich angesteckt. Die Malerei hatte mich gepackt. Sie ließ die Welt der Begriffe und Theorien noch weiter verblassen. Der Zusammenbruch meines politischen Weltbildes, der bisher in quälenden Gedanken nachgewirkt hatte, war mit einem Male weit weggerückt. Ich hatte etwas gefunden, das meine ganze Aufmerksamkeit beanspruchte. Es hatte keinen besonderen Nutzen, aber wozu auch. Meine politischen Ambitionen hatte ich verloren, meine beruflichen auch. Ich war leer genug, um etwas Neues aufzunehmen.

Tanz und Malerei schafften, wozu alles Grübeln nicht in der Lage gewesen war. Sie befreiten mich von der Sinnsuche.

Die stillgelegte U-Bahn

Ich hatte einen Traum: Ich ging wegen irgendeines Problems in ein Therapiezentrum und bat um Hilfe. Das Zentrum war ein riesiger, unüberschaubarer Gebäudekomplex. Jemand nahm mich in Empfang. Er führte mich in den Keller. Dort gab es eine U-Bahn-Station.

»Die Therapie besteht in einer einfachen Aufgabe«, erklärte er. »Wer sie löst, ist sein Problem los. Die Aufgabe ist, hier wieder hinauszufinden.«

Kaum hatte er das gesagt, war er auch schon verschwunden. Ich schaute mich um. Auf einer Bank saßen ein paar Leute. Ich ging zu ihnen hin und erkundigte mich, wann die nächste Bahn komme und wohin sie fahre. Ein alter, lethargischer Mann schaute mich mit gequältem Blick an:

»Hier kommt keine Bahn mehr«, murmelte er, »das ganze Netz ist stillgelegt. Manche warten hier schon seit Jahren auf den nächsten Zug. Andere versuchen es zu Fuß und marschieren durch die Tunnel. Aber sie finden keinen Weg nach draußen. Sie kommen immer wieder hier vorbei. Nur ab und zu taucht einer nicht mehr auf. Es heißt dann, er habe es geschafft. Aber niemand weiß etwas Genaueres.«

Ich wollte nicht jahrelang die Gleise entlanglaufen. Ich suchte nach einer anderen Möglichkeit. Wie in jeder U-Bahn-Station gab es eine Treppe nach oben. Der Ausgang war mit einem Metallgitter verschlossen. Darin gab es eine kleine Tür. Sie war offen.

Ich überlegte einen Augenblick. So einfach konnte die Lösung nicht sein. Dann würden die anderen doch nicht jahrelang da unten vor sich hinvegetieren.

Ich näherte mich der Tür, sie begann, sich automatisch zu schließen, aber so langsam, dass ich noch problemlos hindurch konnte.

Ich war im Freien.

Jenseits der Bedeutungen

Huizi sprach zu Zhuangzi: »Ihr redet von Unnötigem.«

Zhuangzi sprach: »Erst muss einer das Unnötige erkennen, ehe man mit ihm vom Nötigen reden kann. Die Erde ist ja weit und groß, und doch braucht der Mensch, um zu stehen, nur soviel Platz, dass er seinen Fuß darauf setzen kann. Wenn aber unmittelbar neben dem Fuß ein

Riss entstünde bis hinab zu der Unterwelt, wäre ihm dann der Platz, worauf er steht, noch zu etwas nütze?«
Huizi sprach: »Er wäre ihm nichts mehr nütze.«
Zhuangzi sprach: »Daraus ergibt sich klar die Notwendigkeit des Unnötigen.« (Zhuangzi, XXVI, 7)

Jetzt malte ich also. So kannte ich mich nicht. Und dann auch noch abstrakte Malerei, ohne jede Aussage, ohne Zweck und Ziel. Wenn ich mich so gesehen hätte, als ich noch überzeugter Kommunist war… Da wollte ich Schriftsteller werden und die Sprache möglichst effektiv als Waffe im Kampf für eine bessere Welt nutzen. Nicht zuletzt dafür hatte ich den Betrieb verlassen und war wieder zur Schule gegangen. Mein großes Vorbild war Bertolt Brecht gewesen, der einmal in seinem Gedicht *An die Nachgeborenen* geschrieben hatte:

Was sind das für Zeiten, wo
Ein Gespräch über Bäume fast ein Verbrechen ist
Weil es ein Schweigen über so viele Untaten einschließt!

Schreiben, so war ich lange überzeugt, sollte aufklären, wachrütteln. Die Wirkung der Worte, das war der Zweck der Literatur. Sie hatte eine Aufgabe zu erfüllen. Sie sollte nützen und erfreuen, wie schon Horaz gefordert hatte.

Diese Haltung war mir fremd geworden. Die Forderung nach Nützlichkeit sah ich jetzt mit Argwohn. Sie war es, die aus Menschen Arbeitskräfte und aus Landschaften Rohstofflagerstätten machte. Vor dem Wahn, alles nutzbar zu machen, musste es irgendwo Zuflucht geben. Wenn Literatur und Kunst wirklich einen Weg aus dem Gefängnis der Alltagswelt zeigen sollten, dann mussten sie vor dem Anspruch der Nützlichkeit bewahrt werden. Sie sollten keinen fremden Interessen dienen.

Es werde musicirt, oder philosophirt, gemalt, oder gedichtet; – ein Werk des Genies ist kein Ding zum Nutzen. Unnütz zu seyn, gehört zum Charakter der Werke des Genies: es ist ihr Adelsbrief. Alle übrigen Menschenwerke sind da zur Erhaltung, oder Erleichterung unserer Existenz; bloß die hier in Rede stehenden nicht: sie allein sind ihrer selbst wegen da, und sind, in diesem Sinn, als die Blüthe, oder der reine Ertrag des Daseyns anzusehn. Deshalb geht beim Genuß derselben uns das Herz auf: denn wir tauchen dabei aus dem schweren Erdenäther der Bedürftigkeit auf. – Diesem analog sehn wir, auch außerdem, das Schöne selten mit dem Nützlichen vereint. Die hohen und schönen Bäume tragen kein Obst: die Obstbäume sind kleine, häßliche Krüppel. Die gefüllte Gartenrose ist nicht fruchtbar, sondern die kleine, wilde, fast geruchlose ist es. Die schönsten Gebäude sind nicht die nützlichen: ein Tempel ist kein Wohnhaus. Ein Mensch von hohen, seltenen Geistesgaben, genöthigt einem bloß nützlichen Geschäft, dem der Gewöhnlichste gewachsen wäre, obzuliegen, gleicht einer köstlichen, mit schönster Malerei geschmückten Vase, die als Kochtopf verbraucht wird; und die nützlichen Leute mit den Leuten von Genie vergleichen, ist wie Bausteine mit Diamanten vergleichen. (Arthur Schopenhauer, Die Welt als Wille und Vorstellung, S.780)

Kunst um der Kunst willen war für mich in meiner kommunistischen Zeit bürgerliche Dekadenz. Das Ziel der Befreiung der Menschheit von Unterdrückung und Ausbeutung überschattete alles. Nur was dem diente, hatte seine Berechtigung.

Jetzt sah ich die Forderung, Kunst solle nützen, als Versuch, sie ihrer eigentlichen Sprengkraft zu berauben. Vor allem politische Kunst war mir suspekt geworden. Ihr praktischer Zweck bedeutete die Unterordnung des Kreativen unter das Nützlichkeitsdenken und damit einen Verrat an seinem subversiven Potenzial.

Abstrakte Malerei hingegen entsprach ganz meiner neuen Vorstellung von Kunst. Als reines Spiel der Farben und Formen ist sie frei von Bedeutungen. Sie macht keine Aussagen, sie repräsentiert nicht. In diesem Sinne ist sie leer.

Dadurch, dass sie leer ist, regt sie die Vorstellungskraft an, sie zu füllen. Aus dem Nichts tauchen Landschaften, Tiere, tanzende Figuren und fremde Zeichen auf. Es gibt keine Bedeutung - und doch kommt man mit dem Deuten nicht zu Ende. Sie ist sinnlos, aber sie fordert die Sinne heraus. Die Phantasie findet in ihr viel Resonanz.

Dreißig Speichen treffen sich in einer Nabe:
Auf deren Leere beruht des Wagens Brauchbarkeit.
Man bildet Ton und macht daraus Gefäße:
Auf seiner Leere beruht des Gefäßes Brauchbarkeit.
Man durchbricht die Wand mit Türen und Fenstern damit ein Haus entstehe:
Auf seiner Leere beruht des Hauses Brauchbarkeit.
Darum: das Sein gibt Besitz, das Nichtsein Brauchbarkeit.
(Laozi, 11. Kapitel)

Bewegung

Ungefähr zu der Zeit, als ich anfing zu malen, begann ich auch argentinischen Tango zu tanzen. Am schwersten fielen mir zunächst die Drehungen, aber ich fand eine wirkungsvolle Methode, sie für mich alleine zu üben: Ich füllte eine Tasse fast bis zum Rand mit Tee und versuchte dann, die Drehungen so auszuführen, dass ich nichts verschüttete. Bald merkte ich, dass das nicht nur eine gute

Tanzübung war. Es war nebenbei auch eine Methode, zu innerer Ruhe zu kommen. Die gleiche Wirkung hatte es, wenn ich mich beim Malen auf den Verlauf der Linien konzentrierte. Wie beim Tanzen konnte ich dann Stimmungen nicht nur ausdrücken, sondern auch verändern.

Linien auf dem Papier oder auf der Leinwand sind Spuren von Körperbewegungen und damit auch von Gefühlsbewegungen. Sie widerspiegeln innere Zustände. Ein Strich, mit einer heftigen Geste gemalt, wirkt engergisch. Linien, in einer beschwingten Stimmung entstanden, erscheinen leicht und mühelos. Wer freihändig einen Kreis zeichnen möchte, muss seine eigene Mitte finden.

Ich malte sehr schnell. Ein Bild sollte spätestens nach ein paar Minuten fertig sein, wenn ich noch in der gleichen Stimmung war wie am Anfang. Dann war der Ausdruck unverfälscht. Ich versuchte den Linien ihren Lauf zu lassen, ohne Plan, ohne Kontrolle. In den Bildern, die daraus entstanden, hoffte ich eine tiefere Wirklichkeit zu finden, die meinem alltäglichen Denken verborgen war.

Meine Bilder waren sehr expressiv. Aber was drückte sich darin aus? Eine Botschaft meiner Seele? Oder nur der Bewegungsapparat meines Körpers, nach dessen Proportionen die Linien verliefen? Ich fand es nicht heraus. Die Bilder gaben mir keine Antwort. Sie gaben mir Rätsel auf. Ich konnte nicht sagen, was sie bedeuteten, wohl aber, ob ich sie für gelungen hielt. Ich versuchte meinen eigenen Kriterien auf die Spur zu kommen. Dabei lernte ich viel über den Ausdruck von Linien und Farben, was wiederum meinen Malstil beeinflusste. Ich war nun Beobachter eines Prozesses, der sich selbst in eine bestimmte Richtung lenkte und eine Eigendynamik entwickelte, auf die ich keinen bewussten Einfluss nahm. Ich ließ mich überraschen, wohin die Reise ging. Es war ein Abenteuer.

Geschäftskunst und Lebenskunst

*Der Prinz: Guten Morgen, Conti. Wie leben Sie?
             Was macht die Kunst?
Conti: Prinz, die Kunst geht nach Brot.
Der Prinz: Das muss sie nicht; das soll sie nicht (...)
(Gotthold Ephraim Lessing, Emilia Galotti, 1.Akt)*

Während ich voller Begeisterung malte und tanzte und die Welt um mich herum allmählich vergaß, machte diese gravierende Veränderungen durch. Nach dem Zusammenbruch des sozialistischen Staatensystems in Osteuropa war der Richtungsstreit zwischen Kapitalismus und Kommunismus erst einmal entschieden. Das westliche Modell hatte gesiegt. Es gab dazu – so schien es – keine Alternative mehr. Der amerikanische Politikwissenschaftler Francis Fukuyama verkündete in einem Buch das Ende der Geschichte. Es hieß, die Zeit der Utopien sei vorbei. Systemkritik war aus der Mode gekommen. Selbst die Teile der politischen Linken, die den Staaten des real existierenden Sozialismus immer ablehnend gegenübergestanden hatten, verfielen zum großen Teil in Lethargie. Sogar die Ökologiebewegung freundete sich mit einer immer liberaler werdenden Marktwirtschaft an. Wer noch Zukunftsentwürfe außerhalb der bestehenden Ordnung propagierte, wurde als Spinner abgetan.

Statt politischer Konzepte entwickelte ein großer Teil der jüngeren Generation Karriereplanungen. Alle Bereiche des Lebens schienen in den Strudel des marktwirtschaftlichen Denkens zu geraten. Ich hatte mich zu einem Zeitpunkt für die Kunst entschieden, als diese in der öffentlichen Vorstellung zunehmend von einer Berufung zu einem Beruf verkam.

»Können Sie von Ihrer Malerei leben?«, wurde ich bei Ausstellungen oft gefragt. »Oder ist das nur ein Hobby?« Es kam mir vor, als müsse man als Künstler ständig eine öffentliche Einkommenserklärung abgeben. In Europa ist es eigentlich tabu, sich bei jemandem nach dessen Einnahmen zu erkundigen. Gegenüber Künstlern gilt das aber nicht. Es ist oft die erste Frage, die wildfremde Menschen einem stellen. Für viele hat Kunst erst durch wirtschaftlichen Erfolg einen Anspruch darauf, ernst genommen zu werden.

Bei meinen ersten Ausstellungen verkaufte ich einige Bilder, für einen unbekannten Maler sogar zu guten Preisen. Zum Leben war es trotzdem zu wenig. Aus diesem finanziellen Engpass rettete mich eine Erbschaft. Sie reichte zwar nicht auf Dauer, aber doch als Überbrückung für ein paar Jahre. Das erlaubte mir den Einstieg in ein freies Künstlerleben.

Wenn sich jemand ganz der Meditation widmen würde, käme kaum jemand auf die Idee, die Qualität dieser Meditation daran zu messen, ob sie Geld abwirft. Für mich war auch die Malerei eine Form der Bewusstseinserweiterung und – wenigstens vorübergehend – war es mir vergönnt, sie vor allem unter diesem Aspekt betrachten zu können und nicht als Erwerbsquelle.

Als ich mich viele Jahre später mit chinesischer Kalligraphie beschäftigte, fand ich dort manche Übereinstimmung mit meinem Zugang zur Kunst. Auch Kalligraphie ist mit Meditation verwandt. Man sitzt gerade und sammelt seinen Atem. Mit dem Ausströmen der Luft beginnt der erste Strich. Das Ziel ist zunächst nicht, einen eigenen Stil zu entwickeln, das ist – wenn überhaupt – den großen Meistern nach Jahrzehnten der Übung vorbehalten. Man versucht stattdessen, die Perfektion einer alten Tradition zu erreichen. Es geht darum, zur Ruhe zu kommen. Das eigene Ich tritt zurück, es wird eher als störend empfunden, als etwas, das den Energiefluss hemmt. Das Qi, die Energie, die beim Kalligraphieren in Harmonie gebracht werden soll, ist keine persönliche Energie. Sie durchströmt den Menschen ebenso wie die äußere Welt. Es soll also nicht, wie in der expressiven Malerei, ein verborgenes Inneres nach außen kommen, sondern es geht um den Gleichklang zwischen Innen und Außen.

Aus philosophischer Sicht können wir uns hier damit begnügen, zu unterstreichen, dass der gezogene Strich in den Augen chinesischer Maler das tatsächliche Bindeglied zwischen dem Menschen und dem Übernatürlichen bildet. Denn durch seine innere Einheit und seine Fähigkeit zur Variation ist der Strich zugleich Einheit und Vielheit. Er verkörpert den Prozess, durch den der zeichnende Mensch die Gesten der Schöpfung nachempfindet. (Der Akt der Strichführung entspricht dem Akt, der die Einheit aus dem Chaos zieht und den Himmel von der Erde trennt). Indem er den Rhythmus und die verborgenen Triebe des Menschen aufnimmt, ist der Strich gleichzeitig der Hauch, Yin-Yang, Himmel und Erde und die zehntausend Dinge. (François Cheng, Fülle und Leere, S.84)

Vor diesem Hintergrund lässt sich auch verstehen, warum sich in Ostasien manche Stile so lange gehalten haben und warum manche Maler ihr Lebenswerk einem einzigen Motiv gewidmet haben. Was seltsam erscheint, wenn man Kunst als Zutagefördern einer inneren Welt versteht, das ergibt einen Sinn, wenn das Ziel darin besteht, Gelassenheit zu finden, indem man ganz in einer Sache aufgeht. Die Schönheit der Bilder, die dabei entstehen, ist nicht geplant, sie ergibt sich wie von selbst.

Der Holzschnitzer

Ein Holzschnitzer schnitzte einen Glockenständer. Als der Glockenständer fertig war, da bestaunten ihn alle Leute, die ihn sahen, als ein göttliches Werk.

Der Fürst von Lu besah ihn ebenfalls und fragte den Meister: »Was habt Ihr für ein Geheimnis?«

Jener erwiderte: »Ich bin ein Handwerker und kenne keine Geheimnisse, und doch, auf Eines kommt es dabei an. Als ich im Begriffe war, den Glockenständer zu machen, da hütete ich mich, meine Lebenskraft (in anderen Gedanken) zu verzehren. Ich fastete, um mein Herz zur Ruhe zu bringen. Als ich drei Tage gefastet, da wagte ich nicht mehr, an Lohn und Ehren zu denken; nach fünf Tagen wagte ich nicht mehr, an Lob und Tadel zu denken; nach sieben Tagen, da hatte ich meinen Leib und alle Glieder vergessen. Zu jener Zeit dachte ich auch nicht mehr an den Hof Eurer Hoheit. Dadurch ward ich gesammelt in meiner Kunst, und alle Betörungen der Außenwelt waren verschwunden. Danach ging ich in den Wald und sah mir die Bäume auf ihren natürlichen Wuchs an. Als mir der rechte Baum vor Augen kam, da stand der Glockenständer fertig vor mir, sodass ich nur noch Hand anzulegen brauchte. Hätte ich den Baum nicht gefunden, so hätte ich's aufgegeben. Weil ich so meine Natur mit der Natur des Materials zusammenwirken ließ, deshalb halten die Leute es für ein göttliches Werk.«
(Zhuangzi, XIX, 10)

Thema und Variationen*

Ich probiere beim Malen gerne Gegenstände aus, die keine klassischen Malwerkzeuge sind, zum Beispiel Fingernagelbürsten oder gezahnte Spachtel, wie sie Fliesenleger benutzen. Wenn man mit so einem Spachtel zähflüssige Farben auf Papier oder Leinwand aufträgt, dann entsteht ein Relief, das an Wellpappe erinnert – oder an die Spuren, die Zen-Mönche mit einem Rechen in den Kies eines Steingartens ziehen.

Auch bei einem glatten Spachtel quillt die Farbe beim Malen an beiden Seiten hervor und bildet Erhebungen von ein paar Millimetern Höhe. Dadurch werden die Bilder dreidimensional. Man kann sie nicht nur mit dem Auge wahrnehmen, sondern auch ertasten.

Eines Tages probierte ich Wachsmalstifte aus. Sie dufteten nach Honig. Das hatte mich zum Kauf verführt. Nun saß ich auf dem Boden, vor mir ein Stück Papier. Ich zog einen Strich und staunte – der Strich hatte die gleiche Maserung wie die Holzdiele darunter. Ich erinnerte mich, das kannte ich aus meiner Kindheit: Man legt ein Geldstück unter ein Blatt Papier und reibt mit einem Bleistift darüber. Die Prägung der Münze zeichnet sich dann deutlich ab. Diese Technik nennt man Frottage. Manche moderne Maler, vor allem Max Ernst, haben sie angewendet.

Plötzlich hatte ich die Idee, Frottagen von meinen Relief-Bildern zu machen. Diese waren dadurch nicht mehr nur Bilder, sondern gleichzeitig Werkzeuge zur Erzeugung neuer Bilder. Von demselben Motiv konnte ich nun viele weitgehend gleiche Kopien herstellen und diese dann unterschiedlich kolorieren. Die immer wieder gleichen Flä-

---
* Die in diesem Kapitel beschriebene Kunst kann man sich unter www.visualmusic.eu anschauen.

chen konnte ich so in den unterschiedlichsten Farbgebungen durchspielen. Diese konnten abrupt aufeinandertreffen oder sanft ineinander übergehen. Jedes Mal lernte ich dabei die Vorlage besser kennen, und jedes Mal kamen mir neue Ideen für neue Versuche. Es entstanden Serien mit vielen Variationen desselben Grundmotivs.

Dadurch ergab sich eine ganz neue Perspektive für meine künstlerische Arbeit. Die Reliefs waren innerhalb weniger Minuten, manche sogar innerhalb weniger Sekunden entstanden. Nun konnte ich diese Zeit im Nachhinein dehnen, konnte jahrelang immer wieder die gleichen Linien erforschen und das Motiv dabei stets neu erfahren.

Die Evolution eines Motivs

Aus dem Dao entsteht eins,
Aus einem entstehen zwei,
Aus zweien entstehen drei,
Aus dreien entstehen die zehntausend Dinge.
(Laozi, 42. Kapitel)

Irgendwann entdeckte ich, dass es auch möglich war, Frottagen von den Rückseiten der Reliefs zu machen. Dann zeichnete das Motiv sich spiegelverkehrt ab. In der Folge arbeitete ich viel mit den Symmetrien, die sich daraus ergaben. Ich hätte meine Malerei lange Zeit als spontan, wild, expressiv bezeichnet. Aber plötzlich war da die strenge Ordnung der Symmetrie.

Aus Symmetrien kann man endlos sich wiederholende Muster entwickeln. Das ist auch das Prinzip vieler maurischer Fliesen, bei denen jede Fuge eine Symmetrieachse bildet. In Spanien und Portugal hatte ich diese Kunst bewundert. Als ich nun plötzlich entdeckte, wie ich auf einfache Art komplizierte symmetrische Strukturen herstellen konnte, begann ich Keramikfliesen zu entwerfen.

Dabei erlebte ich, wie aus einem einzigen Grundmuster heraus ein Jahrzehnte andauernder schöpferischer Prozess erwuchs. Alles fing mit einem quadratischen Ausschnitt einer Frottage an. Das zugrunde liegende Reliefbild hatte ich im Jahre 1991 innerhalb weniger Minuten gemalt.

Aus diesem einen Grundmotiv entwickelte ich nun weitere Motive, indem ich es quer oder diagonal halbierte und mit dem spiegelverkehrten Gegenstück wieder zu einem Quadrat ergänzte. Dabei entstanden neue Muster, mit denen ich wieder das Gleiche tat. So hatte ich nach kurzer Zeit dutzende unterschiedliche Motive. Sie waren zwar alle verschieden, aber durch ihren gemeinsamen Ursprung hatten sie immer mindestens eine Kante, die mit der Kante eines anderen Motivs übereinstimmte. So konnte ich die verschiedenen Muster zu abstrakten Kompositionen zusammenfügen. Schon bald stellte sich heraus, dass die Zahl der Kombinationsmöglichkeiten astronomisch war. Unversehens war ich in eine Welt von Symmetrieachsen und mathematischen Verhältnissen hineingeraten.

Nach und nach entdeckte ich in den dabei entstehenden Bildern die unterschiedlichsten Figuren und Gestalten: Blumen, Schlangen, Fische und Vögel. Jahre später, in China, komponierte ich aus den gleichen Mustern chinesische Schriftzeichen. Um die endlosen Metamorphosen all dieser Formen zu zeigen, entwickelte ich am Computer Animationen und interaktive Spiele. Meine Kunst brachte mich in Kontakt mit Menschen, die noch traditionelle Handwerkstechniken beherrschten. Im Laufe der Jahre ließ ich Fliesen in verschiedenen Ländern herstellen. Keramiker, Holzschnitzer und Steinschnitzer brachten ihre individuelle Geschicklichkeit und regionale Fertigungsmethoden ein und halfen mir so, aus einem kleinen Grundmotiv ein großes Projekt zu machen.

Die Entstehung eines künstlerischen Universums

Der Lehnsherr Yuan von Song wollte einige Karten zeichnen lassen. Ein Haufen Schreiber lief zusammen, und nachdem sie ihre Instruktionen erhalten hatten, standen sie in Reihen an, leckten ihre Pinsel und rieben Tusche. Es waren ihrer so viele, dass die Hälfte von ihnen vor der Tür bleiben musste. Da war nur ein Schreiber, der kam zu spät; ohne Hast kam er dahergeschlendert. Als er seine Instruktionen erhalten hatte, stellte er sich nicht an wie die anderen, sondern kehrte in sein Quartier zurück. Als der Herzog jemanden schickte, nach ihm zu sehen, fand man ihn halbnackt ohne Hemd mit gespreizten Beinen auf dem Boden sitzen. »Der wird es schaffen«, sagte der Lehnsherr. »Das ist ein wahrer Zeichenkünstler.« (Zhuangzi, XXI, 7, nach der Übersetzung von Mair / Schuhmacher)

Malerei war für mich von Anfang an keine Anstrengung. Ich ließ mich einfach von der Entwicklung des Prozesses treiben, die, wenn man das Ergebnis betrachtet, so geradlinig erscheint, als hätte ich von vornherein ein genaues Konzept gehabt. Es gab keine Umwege, jede Stufe baute auf der vorausgegangenen auf. Dennoch hatte ich bei alldem immer nur die bereits erzielten Ergebnisse im Blick, nie die nächste Etappe, so wie ein Zugreisender, der mit dem Rücken zur Fahrtrichtung sitzt, immer nur die Landschaft sieht, die er bereits durchquert hat.

Wie aus einem Urknall hatte sich aus ein paar schnell dahingeworfenen Linien ein künstlerisches Universum entwickelt, das ich nie ganz erschließen könnte, auch wenn ich mich mein ganzes Leben lang mit nichts anderem mehr beschäftigen würde. In seiner Weite war ebenso Platz für wilde Expressivität wie für mathematische Strenge, für ein klares Konzept ebenso wie für völlige Freiheit.

Seither weiß ich: Von jedem kleinen Punkt aus gehen Wege ins Unendliche. Kreative Energie kann aus einer Nichtigkeit im Laufe der Jahre eine unerschöpfliche Vielfalt wachsen lassen. Ich muss diese Energie nur fließen lassen, dann stellen sich die Ergebnisse von selbst ein. Es bedarf keiner besonderen äußeren Umstände, keiner besonderen Begabung und auch keines Planes. Es reicht, die Dinge werden zu lassen und zu staunen.

Zu meinen Bildern war eine neue Dimension hinzugekommen. Sie waren nicht mehr Einzelobjekte, sondern sie dokumentierten einen langen Weg. Das eigentliche Kunstwerk war nicht das einzelne Bild, sondern das Experiment, in dessen Verlauf es entstanden war. Dieses war ein sich selbst organisierender Prozess, dessen Intelligenz meine eigene bei Weitem überstieg. Seine Eigendynamik wirkte geradezu gespenstisch planvoll.

Im Grunde war es das, was ich mir von der Malerei erhofft hatte, als ich mich ihr im Zeichen des Magiers zugewandt hatte.

Ein Baum von einem Klafter Umfang entsteht aus einem haarfeinen Hälmchen. Ein neun Stufen hoher Turm entsteht aus einem Häuflein Erde. Eine tausend Meilen weite Reise beginnt vor deinen Füßen. (Laozi, 64. Kapitel)

Sechster Teil
Entgrenzung durch Begrenzung

Die Grundlage der Freiheit

Zhuangzi hatte geflickte Kleider an von grobem Tuch, und seine Schuhe hatte er mit Stricken zugebunden. So kam er am König von Wei vorüber.

Der König von Wei sprach: »Was seid Ihr, Herr, in solcher Not?«

Zhuangzi sprach: »Armut, nicht Not! Wenn ein Mann im Besitz von Sinn und Leben ist und sie nicht ausbreiten kann: das ist Not. Geringe Kleider und zerrissene Schuhe: das ist Armut, nicht Not. Das bedeutet, dass man seine Zeit nicht getroffen hat. (Zhuangzi, XX, 6)

Allein - ist die Armut vergnügt, so ist sie nicht mehr Armut. Nicht wer wenig hat, sondern wer mehr begehrt, ist arm. Denn was liegt daran, wie viel jener in seiner Truhe, wie viel auf seinem Speicher liegen hat, wie viele Herden, wie viel Kapital er besitzt, wenn er nach Fremdem giert und zusammenzählt, nicht was erworben ist, sondern was noch erworben werden soll? Welches Maß der Reichtum haben soll, fragst Du? Fürs erste: zu haben, was nötig, dann, was genug ist. (Seneca)

Wer viel anhäuft, kann gewaltig verlieren.
Wisse denn, dass reich sein weniger wert ist,
Als Armut nicht fürchten.
(Hong Ying-ming, II, 49)

Meine beiden Leidenschaften Malerei und Tanz erforderten viel Zeit. Damit vertrug sich auf Dauer keine geregelte Arbeit. Aber auch die Kunst wollte ich nicht als Erwerbsberuf betreiben. Der kreative Prozess sollte nicht durch kommerzielle Erwägungen gestört werden. Ich musste lernen, dauerhaft mit wenig Geld auszukommen.

Ich bin nicht der asketische Typ. Ich genieße es, zu genießen. Morgens so lange zu schlafen, wie ich möchte; in den Park zu gehen, wenn das Wetter schön ist; lange Gespräche mit Freunden zu führen; in Ruhe zu kochen und zu essen; mit Martina zu tanzen, wann immer wir dazu Lust haben; das ist für mich Lebensqualität. Konsum hingegen bedeutet mir wenig.

Das war nicht immer so. Als ich noch in der Fabrik arbeitete, war ich verrückt nach Autos. Ein Auto zu haben, bedeutete für mich Freiheit. Im Geschwindigkeitsrausch kam mir mein Leben intensiver vor. Mit quietschenden Reifen raste ich durch Kurven und hörte dabei ohrenbetäubend laute Musik. So lebte ich die Aggressivität aus, die von zu viel öder Arbeit kam. Kaum hatte ich in der Fabrik gekündigt, verflog meine Begeisterung für heulende Motoren. Als ich studierte, konnte ich mir kein Auto mehr leisten. Aber meine Freiheit war mir wichtiger.

Von da an wollte ich auf meinem Weg möglichst wenig Ballast mitschleppen. Wer einen schweren Koffer zu tragen hat, ist weniger beweglich als jemand, der nur mit einer Zahnbürste und ein bisschen Wäsche zum Wechseln unterwegs ist.

Ich fühle mit Sokrates, der beim Gang über einen Athener Markt gesagt haben soll: »*Wie bin ich froh, zu sehen, was ich alles nicht brauche.*« (nach rawrebel.de)

Lao Dan sprach: »Wandern in Muße ist Nicht-Handeln. Wunschlosigkeit ist leicht zu ernähren, und Bedürfnislosigkeit braucht keinen Aufwand. Die Alten nannten das: Wanderschaft, bei der man die Wahrheit pflückt. Die aber Reichtum für ihr Leben halten, sind nicht imstande, anderen ihr Einkommen zu gönnen. Die Berühmtheit für ihr Leben halten, sind nicht imstande, andern ihren Namen zu gönnen. Die der Macht zugetan sind, sind nicht imstande, andern Einfluss zu gewähren. Haben sie diese Güter in der Hand, so zittern sie, und wenn sie sie hergeben müssen, so kommen sie in Trauer, und das eine findet keinen Raum, wo es sich spiegeln könnte. Wenn man ihre ewige Rastlosigkeit betrachtet, so muss man sagen, dass das die Leute sind, die der Himmel zur Sklaverei verdammt hat.« (Zhuangzi, XIV, 5)

Essen als Kunst

Der Fürst Tian von Ci gab in seiner Halle ein großes Festmahl und saß inmitten von tausend Gästen. Als Fisch und Geflügel hereinkamen, betrachtete er sie und sprach seufzend: »Wie gut ist doch der Himmel gegen die Menschen! Er lässt Korn wachsen und bringt Fische und Vögel hervor zu unserem Gebrauch.« Alle Gäste stimmten ihm zu wie ein Echo. Es war aber der zwölfjährige Sohn des Bao dabei. Der machte eine vorlaute Bemerkung und sprach: »Es ist nicht so, wie der Herr sagt. Alle Wesen auf der Erde sind unsere Mitgeschöpfe. Unter diesen Geschöpfen gibt es nicht edlere und geringere. Sie überwältigen einander nur durch die Größe, Klugheit und Kraft und essen dann der Reihe nach einander auf. Es ist aber nicht so, dass sie füreinander erzeugt wären. Was der Mensch an essbaren Dingen unter die Hand bekommt, das isst er auf. Aber das ist nicht ursprünglich vom Himmel für den Menschen erzeugt. Schnaken und Mücken beißen uns in die Haut, Wölfe und Tiger fressen unser Fleisch, aber darum hat doch nicht ursprünglich der Himmel den Menschen und sein Fleisch für Schnaken und Mücken, Wölfe und Tiger wachsen lassen.« (Liezi, VIII, 28)

Meine erste Begegnung mit vegetarischer Ernährung hatte ich in den 80er Jahren, während meiner Studienzeit. In der Mensa gab es mittags immer ein fleischloses Gericht. Der Mensakoch war wohl der Ansicht, Vegetarier seien überzeugte Genussfeinde; jedenfalls bestand das vegetarische Essen häufig aus gekochtem Vollkorngetreide, das so zäh war, dass ich vom Kauen einen Muskelkater im Kiefer bekam. Als Soße war lieblos irgendeine verkochte Pampe darüber gekippt.

Trotzdem wurde ich Jahre später Vegetarier. Gründe gab es viele. Ich hatte Mitleid mit den Tieren und ökologische Bedenken wegen des enormen Flächenverbrauchs durch Viehzucht. Hinzu kamen gesundheitliche Aspekte. Außerdem hatte ich seit meinem Verzicht auf das Autofahren immer wieder die Erfahrung gemacht, dass sich neue Wege finden, wenn man alte verlässt.

Ich suchte nach einer vegetarischen Ernährungsweise, die, im Gegensatz zu meinen Mensaerlebnissen, nicht nur gesund war, sondern auch schmeckte. Essen sollte ein Teil meiner vierundsechzig Künste werden.

Ich experimentierte mit Nüssen, Sesamsamen, Sonnenblumen- und Kürbiskernen, in rohem und geröstetem Zustand. Ich lernte die unterschiedlichsten Soßen mit Tahin oder Nussmus herzustellen. Ich ließ mich von der indischen, mexikanischen, italienischen, chinesischen, türkischen und libanesischen Küche inspirieren. Gleichzeitig bevorzugte ich zunehmend regionale und saisonale Produkte. Ich lernte alte Gemüsesorten zu schätzen. Ich hatte zuvor weder Pastinaken, noch Steckrüben oder Topinambur gekannt. Mein kulinarischer Horizont wurde weiter.

Im kreativen Prozess bedeutet Verzicht selten Verlust: So entfaltet abstrakte Malerei ihren Zauber ohne Bezug zu erkennbaren Gegenständen; die wunderschönen arabischen Ornamente wären vielleicht nicht entstanden ohne das islamische Verbot der bildlichen Darstellung; der besondere Charakter einer Tonleiter ergibt sich daraus, dass manche Halbtonschritte ausgeschlossen sind; Gedichte erlangen ihre Schönheit durch die Schranken der Form, durch Versmaß und Reim - und das köstlichste Essen enthält kein Fleisch.

Die durch Beschränkung verloren haben, sind selten.
(Konfuzius, Gespräche, IV, 23)

Die volle Tasse

Nan'in, ein japanischer Meister während der Meiji-Ära, empfing einmal einen hochgelehrten Universitätsprofessor, der ihn aufsuchte, um etwas über Zen zu erfahren. Nan'in servierte Tee. Er goss den Tee in die Tasse seines Gastes, bis sie voll war, und goss auch danach noch weiter, als der Tee bereits über den Rand floss.

Der Professor betrachtete diesen Überfluss bis er nicht mehr an sich halten konnte und rief: ‚Genug, die Tasse ist schon übervoll!‛ - ‚So wie diese Tasse‛, sagte Nan'in ‚sind auch Sie voll mit ihren eigenen Meinungen und Spekulationen. Wie soll ich Ihnen Zen zeigen, bevor Sie mir eine leere Tasse reichen?‛ (Nach Günter Wohlfahrt)

Für ein erfülltes Leben brauchte ich nicht nur weniger Dinge sondern auch weniger Gedankengebäude. Durch die Kunst war meine Fähigkeit zu staunen gewachsen. Ein paar schnell zu Papier gebrachte Linien konnten mehr neue Welten eröffnen als vertrackte intellektuelle Grübeleien. Diese Einsicht dämpfte mein Interesse an den großen Systemen der Philosophen. Nachdem ich jahrelang fremde Ideen aufgesogen hatte, um meinen eigenen auf die Sprünge zu helfen, suchte ich immer häufiger jenseits des begrifflichen Denkens nach Anregungen.

Meine Grundhaltung gegenüber der Philosophie fand ich in den ersten Versen des Daodejing wieder:

Der Sinn, den man ersinnen kann,
ist nicht der ewige Sinn.
Der Name, den man nennen kann,
ist nicht der ewige Name.
(Laozi, 1.Kapitel)

In den folgenden zwei Jahrzehnten las ich kaum noch philosophische Schriften.

Die Zähmung der Langeweile

Arbeit und Langeweile. — Sich Arbeit suchen um des Lohnes willen — darin sind sich in den Ländern der Zivilisation jetzt fast alle Menschen gleich; ihnen allen ist Arbeit ein Mittel, und nicht selber das Ziel; weshalb sie in der Wahl der Arbeit wenig fein sind, vorausgesetzt, dass sie einen reichlichen Gewinn abwirft. Nun gibt es seltenere Menschen, welche lieber zu Grunde gehen wollen, als ohne Lust an der Arbeit arbeiten: jene Wählerischen, schwer zu Befriedigenden, denen mit einem reichlichen Gewinn nicht gedient wird, wenn die Arbeit nicht selber der Gewinn aller Gewinne ist. Zu dieser seltenen Gattung von Menschen gehören die Künstler und Kontemplativen aller Art, aber auch schon jene Müßiggänger, die ihr Leben auf der Jagd, auf Reisen oder in Liebeshändeln und Abenteuern zubringen. Alle diese wollen Arbeit und Not, sofern sie mit Lust verbunden ist, und die schwerste, härteste Arbeit, wenn es sein muss. Sonst aber sind sie von einer entschlossenen Trägheit, sei es selbst, dass Verarmung, Unehre, Gefahr der Gesundheit und des Lebens an diese Trägheit geknüpft sein sollte. Sie fürchten die Langeweile nicht so sehr, als die Arbeit ohne Lust: ja, sie haben viel Langeweile nötig, wenn ihnen ihre Arbeit gelingen soll. Für den Denker und für alle erfindsamen Geister ist Langeweile jene unangenehme »Windstille« der Seele, welche der glücklichen Fahrt und den lustigen Winden vorangeht; er muss sie ertragen, muss ihre Wirkung bei sich abwarten: — das gerade ist es, was die geringeren Naturen durchaus nicht von sich erlangen können! Langeweile auf jede Weise von sich scheuchen ist gemein: wie arbeiten ohne Lust gemein ist. (Friedrich Nietzsche, Die fröhliche Wissenschaft, 1. Buch, 42. Kapitel)

Richtig quälende Langeweile kannte ich vor allem als Kind. Nichts war öder als die endlosen Sonntagnachmittage, wenn irgendwelche Bekannten meiner Eltern zu Besuch kamen und wir eine gefühlte Ewigkeit am Kaffeetisch saßen. Auch beim Lateinunterricht in der ersten Stunde wollte der Zeiger der Uhr einfach nicht weiter vorrücken. Später in der Autofabrik zählte ich die Minuten bis Feierabend, rechnete ständig aus, wie viel Prozent des Arbeitstages ich schon hinter mir hatte.

Die Langeweile, die ich später erlebte, war im Vergleich dazu harmlos. Ich hatte ein Mittel gefunden, sie erträglicher zu machen: Selbstbeobachtung. Indem ich meine Stimmungen studierte, wurde aus der Langeweile ein interessantes Forschungsobjekt. Meistens ging sie einher mit einem plötzlichen Überdruss an allem, was mich gerade noch begeistert hatte. Selbst das Malen konnte sie mir verleiden. Ich spürte ihr nach, wie sie ihren Zenit überschritt und wie sie sich schließlich auflöste, nicht ohne mir gelegentlich ein wertvolles Geschenk zurückzulassen: eine neue Einsicht oder die Idee für ein neues Projekt. Ich hatte auch gelernt, wie ich ihr entfliehen konnte, wenn sie zu drückend wurde. Im Notfall konnte ich immer an meinen vierundsechzig Künsten arbeiten und mir Dinge beibringen, die ich schon immer gerne können wollte.

Ich schlenderte mit dem Baumbestimmungsbuch durch die Parks der Umgebung, übte Blues-Riffs auf der Gitarre, lernte neue Tanzschritte oder sah im Fernsehen Filme in einer Sprache, die ich lernen wollte. So gelang es mir, die Langeweile allmählich zu zähmen.

Gleichzeitig befürchtete ich, dabei das Wesentliche zu verpassen. Wozu ständig lernen? Ging es nicht vielmehr darum, aufmerksamer durch die Welt zu gehen, anstatt sich den Kopf mit allem möglichen Kram vollzustopfen?

Der Leistungsgesellschaft, der ich mich durch mein Zelebrieren der Muße entziehen wollte, war ich noch lange nicht entronnen. Ich war ebenso gefangen in meiner Unruhe und meinem Tatendrang, wie es mein Vater gewesen war, nur, dass meine Sucht mich nicht zu harter körperlicher Arbeit drängte, sondern zum Lernen.

Eine Angelschnur im Wasser ist ein schöner Anblick,
Doch mit der Rute entscheidest du über Leben und Tod.
Go ist ein kultiviertes Spiel,
Doch es lässt Kampfeslust im Herzen entstehen.
Daraus ersieh:
Sich mit etwas vergnügen ist nicht so achtbar wie seinlassen.
Viel können ist nicht so erfüllend wie nichts können.
(Hong Ying-ming, II, 2)

Wohin wollte ich mit meinem Streben nach immer mehr Fertigkeiten? Wen wollte ich damit beeindrucken? *Muss einer denken? Wird er nicht vermisst?*, fragt Ingeborg Bachmann in einem Gedicht. *Gebt auf eure Gelehrsamkeit: so werdet ihr frei von Sorgen*, sagt Laozi. *(20. Kapitel)*. Wie sollte ich ohne freien Kopf ein freier Mensch werden?

Ich unternahm lange Spaziergänge. Vor allem in der Natur, beim Beobachten von Pflanzen und Tieren erschienen mir alle Bestrebungen nach Selbstvervollkommnung bedeutungslos. Hier gab es keine Ziele zu erreichen. Hier hatte ich nichts zu verbessern. Alles war einfach so, wie es war.

Von selber richtig

*Menschen verneigen
sich vor Bäumen und sammeln
Rosskastanien.*

*Die Luft ist schon kühl.
Die Erntehelferinnen
kommen ins Schwitzen.*

Der Herbst ist eine Zeit für die Sinne. Dann stapfe ich mit Martina durch raschelndes Laub. Wir lesen Blätter auf und vertiefen uns in die Übergänge und Kontraste der Farben. Wir staunen jedes Jahr wieder über die Vielfalt der Rot- und Gelbtöne.

Im Frühsommer sitzen wir auf dem Balkon und freuen uns an den Amseln, die in Scharen über den Kirschbaum hinter unserem Haus herfallen und sich um die reifen Früchte zanken.

Unser Haus liegt an einer viel befahrenen Straße, aber der Garten dahinter grenzt an einen kleinen Park. Die Eichhörnchen kommen bis auf unseren Balkon. Man kann Kaninchen und Igel beobachten. Auch viele Vögel: Amseln, Meisen, Schwalben, Rotkehlchen, Spechte, Eichelhäher, Elstern. Zahlreiche Blüten ziehen Bienen, Hummeln und Schmetterlinge an. Der Park ist voller alter Bäume.

Ich bin auf dem Land groß geworden. Weil unser Dorf ein Industriearbeiterdorf war, gab es nur wenig Landwirtschaft. Stattdessen war da viel Wald. Dort habe ich als Kind oft gespielt. Ich bin zwischen Bäumen aufgewachsen.

Oft war Motorsägenlärm zu hören. Der Wald meiner Kindheit war nicht um seiner selbst willen da. Die meisten Bäume dienten der Holzverwertung. Auch meine Eltern besaßen eine kleine Baumschonung. Dort wuchsen ausschließlich Fichten. Dieses Gelände verkauften sie, als das Haus meiner Schwester gebaut wurde und sie Geld brauchten. Das Waldstück war eine Kapitalanlage.

Im Vergleich zu solchen Nutzholz-Monokulturen findet man in Hamburg wesentlich mehr alte, ehrwürdige Bäume.

Martina kommt aus einem kleinen Dorf in Bayern, um das herum intensiv Landwirtschaft betrieben wird. Wenn wir dort wandern, kommen wir an riesigen Raps- und Maisfeldern vorbei, Bäume sehen wir nur wenige. Dagegen ist unser Stadtviertel ein Hort der Artenvielfalt – weil hier die Pflanzen keine Nutzpflanzen sind.

Ich habe Glück, ich muss die Natur nicht mit den Augen eines Investors sehen. Statt Nutzen finde ich in ihr Freude. Und Erkenntnisse. Die Beobachtung der Natur kann lehren, wie viele Vorgänge es gibt, die keiner menschlichen Beeinflussung bedürfen. Das chinesische Wort für Natur 自然 *(ziran)* spiegelt diese Einsicht wieder. Wörtlich übersetzt bedeutet es *von selber so* oder auch *von selber richtig*.

In seinem Buch Vom *Geist des Zen* beschreibt Allen Watts die Predigt eines Zen-Meisters:

Eines Tages hatte ein Meister soeben seinen Platz eingenommen, als draußen ein Vogel zu singen begann. Der Meister sprach kein Wort und jedermann lauschte auf den Vogel. Als dessen Lied verstummte, verkündete der Meister bloß, die Predigt sei beendet und ging weg. (S.98)

An einer anderen Stelle erzählt Watts, wie ein Dichter zur Erleuchtung gelangte:

Ein konfuzianischer Dichter kam einst zum Zenmeister Huit'ang, das Geheimnis seiner Lehre zu erkunden, worauf ihm der Meister einen Ausspruch des Konfuzius zitierte: »Wähnet ihr, ich verberge etwas vor euch, oh meine Schüler? Nein, wirklich, ich habe nichts zu verbergen vor euch.« Da Huit'ang ihm keine weitere Frage gestatten wollte, verließ ihn der Dichter höchst verdutzt. Aber wenig später taten die beiden zusammen einen Gang in die Berge. Als sie an einem Busch mit wildem Lorbeer vorüberkamen, wandte sich der Meister zu seinem Gefährten und fragte: »Riechst du's?« Dann, auf dessen bejahende Antwort, bemerkte er: »Da, ich habe nichts zu verbergen vor dir.« (S.44)

Wenn ich in das Blätterwerk eines alten Baumes schaue, kann ich eine Zeitlang sogar das Lernen vergessen. Wenn eine Amsel singt, spielen die vierundsechzig Künste keine Rolle mehr. Und selbst ein kleines Würmchen kann mich tief erschüttern.

Es war vor vielen Jahren.
Aber ich sehe es noch vor mir als wäre es heute.
Ich saß unter einem Baum.
Eine Raupe,
dünn wie der Docht eines Teelichts und
lang wie der Nagel meines kleinen Fingers,
ließ sich langsam herab,
taumelnd an einem Fädchen.
Sie spann sich hinein
ins Ungewisse.
Ein leichter Wind
gab die Richtung vor,
in die ihr Lebensweg ging.

Die Freude der Fische

Zhuangzi ging einst mit Huizi spazieren am Ufer eines Flusses. Zhuangzi sprach: »Wie lustig die Forellen aus dem Wasser herausspringen! Das ist die Freude der Fische.

Huizi sprach: »Ihr seid kein Fisch, wie wollt Ihr denn die Freude der Fische kennen?«

Zhuangzi sprach: »Ihr seid nicht ich, wie könnt Ihr da wissen, dass ich die Freude der Fische nicht kenne?« Huizi sprach: »Ich bin nicht Ihr, so kann ich Euch allerdings nicht erkennen. Nun seid Ihr aber sicher kein Fisch, und so ist es klar, dass Ihr nicht die Freude der Fische kennt.«

Zhuangzi sprach: »Bitte lasst uns zum Ausgangspunkt zurückkehren! Ihr habt gesagt: Wie könnt Ihr denn die Freude der Fische erkennen? Dabei wusstet Ihr ganz gut, dass ich sie kenne, und fragtet mich dennoch. Ich erkenne die Freude der Fische aus meiner Freude beim Wandern am Fluss.« (Zhuangzi, XVII, 12)

Siebter Teil
Auf der anderen Seite der Erde

Tango

Das erste Mal sahen wir argentinischen Tango bei einem Besuch in Berlin, auf einem Ball im Kabarett Chamäleon in den Hackeschen Höfen. Martina und ich waren gleich gebannt von dem Geschehen auf der Tanzfläche. Das wollten wir auch können. Zurück in Hamburg stürzten wir uns voller Energie in den Tanz. Wir ahnten nicht, wie viele neue Wege wir uns dadurch bahnten. Wir nahmen Unterricht, gingen mehrere Male in der Woche tanzen, legten uns eine Sammlung von Tangomusik zu, lernten Spanisch und machten schließlich Reisepläne.

Argentinischer Tango ist ein improvisierter Tanz. Zwar gibt es eine Form: eine bestimmte Körperhaltung sowie ein Grundrepertoire an Bewegungsmustern, aber innerhalb dieser Form ist man frei. Anfänger lernen einen Grundschritt und dann bestimmte Figuren. Aber das ist nur eine Einstiegshilfe. Nach und nach lösen sich diese Figuren in ihre einzelnen Bestandteile auf, die sich vielfältig miteinander kombinieren lassen. Auch die Geschwindigkeit ist variabel. Man kann einfaches oder doppeltes Tempo tanzen oder innehalten und sich gemeinsam leicht wiegen, je nach der Stimmung der Musik – und die lässt viele Interpretationen zu.

Als Anfänger staunte ich, dass es bei guten Tanzpaaren kaum Missverständnisse über den nächsten Schritt gab. Wie war das möglich, wenn doch die Schritte nicht festgelegt waren und nicht klar war, was als nächstes kommen würde? Wie konnte man sich da so harmonisch, so synchron zusammen bewegen.

In dem Stil, den wir lernten, tanzen die Paare aneinander gelehnt. Beide Partner bilden dabei einen gemeinsamen Schwerpunkt. Wer führt, verändert diesen mit jeder Bewegung. Wer geführt wird, braucht nur der Verschiebung des Schwerpunkts nachzugeben.

Zwei Bewegungsapparate werden zu einem. Das klingt technisch – und in der ersten Lernphase kann es sich auch so anfühlen. Aber man kann dabei auch erleben, wie zwei Körper im Einklang mit der Musik in einer fließenden Bewegung miteinander verschmelzen.

Die Schwierigkeit des Einfachen

Wer diesen Sinn bewahrt,
begehrt nicht Fülle.
Denn nur weil er keine Fülle hat,
darum kann er gering sein,
das Neue meiden
und die Vollendung erreichen.
(Laozi, I, 15)

Nach drei Jahren wollten wir den Tango dort, wo er entstanden ist, erleben und gingen für ein halbes Jahr nach Buenos Aires.

Dort nahmen wir Unterricht bei Pedro Alberto Rusconi, genannt Tete. Er war ein alter Milonguero, einer jener Tänzer, die immer beim Tango geblieben waren, auch dann noch, als der Rock 'n Roll Argentinien erobert und die anderen Tänze weitgehend von den Tanzflächen verdrängt hatte. Als dann in den 90er Jahren das Tango-Fieber in Europa und Nordamerika wieder aufflammte, besannen sich auch immer mehr Argentinier auf ihre Tanztradition. Die Milongueros, die allen Zeitstimmungen zum Trotz einfach weiter so getanzt hatten, wie es ihnen gefiel, waren nun mit einem Male Stars.

Tete war plötzlich ein gefragter Lehrer. Viele wollten so tanzen wie er. Sein Stil beeindruckte durch Schlichtheit. Er machte sich lustig über jene Tänzer, denen es vor allem darum ging, mit komplizierten Schrittfolgen und akrobatischen Figuren die Zuschauer zu beeindrucken. »Man sollte beim Tanzen nicht vergessen, dass man eine schöne Frau im Arm hat.«, sagte er. Tanzen bedeute für ihn, sich für die Dauer von drei Minuten in eine Frau zu verlieben. Sich ganz einzulassen auf die Musik und seine Partnerin, das war sein Weg. Alles was dazu nicht erforderlich war, ließ er weg. »Hört auf die Musik!« rief er immer wieder, wenn er sah, dass Tanzpaare nur Schrittfolgen aneinanderreihten.

Wenn er unterrichtete, ließ er manchmal die Leute eine halbe Stunde lang nur hin und her gehen. Auch die einfachsten Schritte konnte man noch weiter verbessern. »Es fehlt immer etwas«, erklärte er. Das Einfache nicht leicht zu nehmen, es so oft zu wiederholen, bis sich einem der Zauber darin erschloss, das konnte man von ihm lernen. »Er ist ein Zen-Meister, ohne es zu wissen«, sagte ein argentinischer Freund.

Tango-Beziehungen

It takes two to tango, lautet eine im Englischen verbreitete Redeweise. Tango ist Paartanz, eine Form der Kommunikation zwischen zwei Menschen. Auf einer Milonga* in Buenos Aires lernten wir eine Frau kennen, die als Paartherapeutin arbeitete. »Wenn Paare zu mir kommen«, er-

---

*Milonga: 1) Tango-Tanzveranstaltung 2) Mit dem Tango verwandter Musik- und Tanzstil

zählte sie, »lasse ich sie zusammen tanzen. Da zeigt sich sofort, wo ihre Probleme liegen.«

Aber der Tango ist nicht nur eine Sache zwischen zwei Menschen. Er ist auch ein soziales Phänomen. Die Tango-Szene in Buenos Aires war ein Mikrokosmos mit eigenen Gesetzen und Machtstrukturen. Ganz oben in der Hierarchie standen die alten Männer mit jahrzehntelanger Tanzerfahrung. Für eine Tänzerin war es eine Auszeichnung, mit ihnen tanzen zu dürfen. Der Status der Frauen hing davon ab, wer sie aufforderte. Weil das vor allem über Blickkontakte lief, ließen viele Tänzerinnen ständig ihre Augen hin und her wandern, in Sorge, bloß keinen wichtigen Blick zu verpassen. Einige der begehrten Tänzer nutzten ihre unangefochtene Stellung für persönliche Intrigen. Wir erlebten, wie eine begehrte Tänzerin von einem Tag auf den anderen kaum noch zum Tanz aufgefordert wurde, weil ihr bisheriger Partner, ein berühmter Milonguero, sich im Streit von ihr getrennt hatte. Damit war sie in der Szene in Ungnade gefallen.

Lila, unsere Vermieterin tanzte selbst Tango und kannte das alles nur zu gut. Sie teilte unsere Empörung. Wir unterhielten uns nun oft nächtelang und wurden enge Freunde. Nach und nach lernten wir ihren Freundeskreis kennen und fühlten uns in Buenos Aires bald zu Hause. Gerade, dass wir uns nicht an die Spielregeln der Szene anpassen wollten, dass wir uns also nicht unter allen Umständen integrieren wollten, brachte uns anderen näher, denen es ähnlich ging.

Die Vorzüge einer berüchtigten Gegend

*San Juan y Boedo antiguo, y todo el cielo,
Pompeya y más allá la inundación*·
(Homero Manzi: Sur)

Pompeya ist ein eher armes Stadtviertel in Buenos Aires, nicht gerade die erste Adresse. Dort gab es die Bar El Chino. Hier trafen sich seit Jahrzehnten Leute aus der Nachbarschaft zur Peña, das heißt, man saß zusammen, jemand spielte Gitarre und dazu sangen Einzelne aus der Runde abwechselnd Tangos. Das Essen war einfach, das Mobiliar alt, die Atmosphäre familiär.

Der Betreiber der Bar wurde El Chino (der Chinese) genannt, obwohl er von spanischen Einwanderern abstammte. Die Bar war sein Lebenswerk. Sie war ein zweites Zuhause für viele, die hier sangen. Hier hatte sich die Tradition der Peñas ohne Einflüsse von Kommerz und Wettbewerb erhalten.

Wir hatten den Chino auf einem Fest bei einer Freundin kennengelernt. Sonst hätten wir nie dorthin gefunden. Man gab die Adresse nicht gerne weiter - aus Sorge um die einzigartige Atmosphäre dieses Ortes.

Trotzdem wunderten wir uns, dass nicht Scharen von Touristen hierher pilgerten. »Das hier ist Pompeya«, beruhigte uns ein argentinischer Freund. »Die haben Angst, dass man sie ausraubt.« So lag der schlechte Ruf des Viertels lange Zeit wie eine schützende Hand über der Bar.

·Übersetzung:
San Juan und das alte Boedo und all der Himmel,
Pompeya und jenseits davon die Überschwemmung.

Auf verwildertem Land wächst vielerlei.
Im klaren Wasser schwimmen niemals Fische.
Darum sind dem Edlen Unreinheit und Makel nicht fremd.
Drum versteift er sich nicht auf die Liebe zum Reinen und das Wandeln auf einsamem Pfad.
(Hong Ying-ming, I, 76)

Schließlich aber geschah es doch: El Chino wurde zur Legende, man fuhr in Taxis vor und brauchte eine Platzreservierung. Dann starb der Betreiber der Bar. Der Ort hatte seine Seele verloren. Der Niedergang hatte begonnen, die Bar wurde schließlich geschlossen. Später wurde sie unter gleichem Namen wieder eröffnet. Ich war seitdem nicht mehr dort, aber ich habe mir sagen lassen, der Zauber von einst sei unwiederbringlich dahin.

Nostalgias de las cosas que han pasado
arena que la vida se llevó
pesadumbre de barrios, que han cambiado
y amargura del sueño que murió.¨

Kunst als Brücke

Ein weiterer besonderer Ort, den es so nicht mehr gibt, war das Teatro Paracultural in der Calle Chacabuco. Es wurde irgendwann wegen Baufälligkeit geschlossen. Später wurde es an anderer Stelle unter dem gleichen Namen wieder eröffnet und wurde zu einer der renommiertesten

---

¨Übersetzung:
Sehnsucht nach Dingen, die vergangen sind,
Sand, den das Leben mit sich genommen hat,
Schwermut der Stadtviertel, die sich verändert haben,
und Bitterkeit über den Traum, der gestorben ist.

Tango-Adressen in Buenos Aires. Als ich es kennenlernte, war es noch ein Ort der Untergrund-Kultur. Der Name stand für subversives Theater. Dass dort auch Tango getanzt wurde, war noch relativ neu. Es ging weniger förmlich zu als in den traditionellen Ballsälen, wo ein betagtes Publikum mit strengen Blicken die Schritte der Tanzenden musterte. Wenn es regnete, tropfte Wasser durch das Dach und Omar, der im Paracultural wohnte und das Programm organisierte, stellte dann Wannen und Eimer auf, um die Überschwemmung in Grenzen zu halten.

Im Saal hingen auch ein paar großformatige Gemälde. Sie brachten mich auf die Idee hier eine Ausstellung zu machen. Omar war sofort begeistert. Martina ertrug es, dass der Boden unseres gemeinsames Zimmers bald mit Papier und Farben bedeckt und nur noch am äußersten Rand begehbar war. Nach ein paar Wochen hatte ich genug Bilder gemalt, um die verfügbaren Flächen zu füllen.

Der Ausstellung im Paracultural verdanke ich eine tiefe Freundschaft. Osvaldo Rosendo, ein argentinischer Maler, war schon über 70 Jahre alt, als ich ihn kennenlernte. Er war der Lebensgefährte von Elsa, unserer Spanischlehrerin. Da unser Unterricht in der gemeinsamen Wohnung der beiden stattfand, und er dort auch sein Atelier hatte, konnte ich immer sehen, woran er gerade arbeitete. Seine Bilder waren teils abstrakt, oft mit einem starken Bezug zum vorkolumbianischen Amerika. Er liebte es, mit unterschiedlichen Materialien zu experimentieren. Ich mochte seine Malerei sehr, aber er war ein eher zurückgezogener Mensch. Gewiss wären wir uns ohne meine Ausstellung im Paracultural gar nicht so nahe gekommen, zumindest nicht ohne die Bilder, die ich dafür gemalt hatte.

Die ließ ich nämlich bei ihm zurück, als wir nach Deutschland zurückkehrten. Er organisierte dann eines Tages für mich eine Ausstellung in einem kleinen, netten

Café, dem La Comuna im Stadtteil Palermo. So kam ich anderthalb Jahre nach meinem Abschied zurück nach Buenos Aires. Jetzt saßen wir oft zusammen, Osvaldo, Elsa und ich, wir sprachen viel über Kunst, über Kreativität und darüber, was wir zusammen machen könnten, zum Beispiel ein internationales Netzwerk von Künstlern aufbauen. So wie die Kunst uns zusammengebracht hatte, trotz aller Kultur- und Altersunterschiede, so könnte uns die Malerei doch auch mit anderen verbinden.

Wir waren zu zögerlich. Andere Projekte kamen dazwischen, dann Osvaldos Krankheit und schließlich sein Tod. Aber seit unserer Begegnung suche ich immer wieder nach solchen Momenten intensiver Kommunikation durch Kunst, wo auch immer auf der Welt ich bin. In Buenos Aires habe ich erlebt, wie sehr Malerei die Begegnung zwischen Menschen erleichtern kann.

Düstere Erinnerungen

1973 putschte in Chile das Militär mit Unterstützung der US-Regierung gegen den demokratisch gewählten Präsidenten, den Sozialisten Salvador Allende. Es gab zahlreiche Ermordete und Verschwundene. Für mich als Jugendlichen war das ein Schock, der mein politisches Denken weiter radikalisierte. Ich sah darin den Beweis, dass der westlichen Führungsmacht die Demokratie gleichgültig war, wenn es um wirtschaftliche Interessen ging. Ich beteiligte mich damals sehr aktiv an zahlreichen Solidaritätsaktionen mit den Verfolgten in Chile.

Zweieinhalb Jahre später kam es in Argentinien ebenfalls zu einem Militärputsch. Dort verschwanden innerhalb der nächsten sieben Jahre etwa 30.000 Oppositionelle – oft spurlos.

In beiden Ländern ging die brachiale Unterdrückung einher mit einer radikalen Liberalisierung der Märkte, der Privatisierung von Staatsunternehmen, einem Abbau von Zollschranken und Anreizen für Investoren aus dem Ausland. So wurden die Länder im äußersten Süden Lateinamerikas zu Experimentierfeldern für eine Ideologie, die später als Neoliberalismus bekannt wurde und spätestens ab 1989 ihren Siegeszug um die Welt antrat.

Die Zeiten der Militärdiktatur waren bereits vorbei, als wir nach Argentinien kamen, aber die Wunden waren noch frisch. Elsa berichtete uns von den Aktionen der Mütter, die sich regelmäßig auf der Plaza de Mayo vor dem Regierungssitz trafen, um Auskunft über das Schicksal ihrer während der Diktatur verschwundenen Kinder zu verlangen, und die eine Bestrafung der immer noch unbehelligten Schuldigen forderten. Lila erzählte von ihrer Angst damals, sie selbst oder Freunde könnten wegen Kleinigkeiten in die Hände der Militärschergen fallen. Der Polizei misstraute sie immer noch. Sie sah sie nicht als Schutz, sondern als weitere Bedrohung neben Einbrechern und Räubern.

Während in Europa nach dem Zusammenbruch der sozialistischen Staaten das neoliberale Wirtschaftsmodell weitgehend unangefochten dastand und sein Sieg als Sieg der Freiheit galt, verbanden viele in Argentinien damit Gewalt und Unterdrückung.

Im Paralleluniversum

Als ich Lila von meiner Rebellion in jungen Jahren erzählte, nickte sie. Die Schule abbrechen, in den Betrieb gehen und dort politisch arbeiten, das kannte sie auch aus ihrem eigenen Bekanntenkreis. Immer wieder stießen wir in Gesprächen auf solche Berührungspunkte. Mein Gefühl, in eine völlig andere Kultur einzutauchen, fand auf diese Weise nicht genug Nahrung und verschwand rasch.

Buenos Aires empfand ich nicht als exotische Ferne, sondern als Paralleluniversum, in dem ich die meisten Elemente, aus denen es bestand, bereits kannte. Nur die Art, wie sie sich zusammensetzten, war irritierend anders. Geographisch war ich weit weg von Europa und doch war es ständig präsent.

Das schienen die meisten Argentinier genauso zu sehen. Wir waren erstaunt, wie stark sich viele von ihnen mit Europa identifizierten. Oft stellten sie sich als Italiener oder Spanier vor, auch wenn ihre Vorfahren schon vor drei Generationen über den Ozean gekommen waren. Es war ihnen offensichtlich wichtig, von Einwanderern abzustammen.

Im zwanzigsten Jahrhundert hatten zahlreiche Getriebene, die aus Europa weg wollten – oder mussten – in Argentinien Aufnahme gefunden. Wirtschaftskrisen und politische Ereignisse in der alten Welt hatten immer auch ihren Einfluss auf die Demographie im äußersten Süden der neuen gehabt. Die größten Gruppen bildeten die Migranten aus Spanien und Italien. Aber auch aus Deutschland gab es viele Einwanderer. Während der Nazizeit hatten viele Juden am Rio de la Plata Zuflucht gefunden, nach dem Krieg hatten sich dann zahlreiche Nazis nach Argentinien abgesetzt.

Es gab zwischen all diesen Gruppen oft wenig Gemeinsamkeiten, außer dem Bezug auf die europäischen Wurzeln. So gründete die argentinische Identität auf eigentümlich verfremdeten europäischen Versatzstücken.

Zum Beispiel Weihnachten. Buenos Aires liegt auf der Südhalbkugel, das heißt, im Dezember ist dort Hochsommer. Trotzdem gab es überall Weihnachtspostkarten mit schneebedeckten Tannen. Auf einem Spaziergang entdeckten Martina und ich einen Weihnachtsmann, der bei vierzig Grad im Schatten mit dickem Mantel, Mütze und Wattebart vor einem Kaufhaus stand und kleine Geschenke an Kinder verteilte. Lila, mit der wir Weihnachten feierten, erzählte uns, dass das Personal der Krankenhäuser gerade alle Hände voll zu tun hatte. Viele Leute vertrugen bei der Hitze das fette Winteressen nicht, das nun einmal zur Weihnachtstradition gehörte.

Die alten Caféhäuser in Buenos Aires, das Tortoni, das Violetas oder die Confiteria Ideál mit ihrem gediegenen Interieur und ihren alten, förmlichen Kellnern versetzten uns in das Europa jener Zeit, aus der auch die Grammophone und sonstigen Antiquitäten stammten, die auf dem berühmten Flohmarkt von San Telmo verkauft wurden. Was man einmal aus Europa übernommen hatte, das hatte in Argentinien seinen festen Platz gefunden, auch wenn es auf der anderen Seite des Atlantik längst wieder aus der Mode gekommen war. Die verschiedenen Zeitströmungen schienen einander nicht abzulösen, sondern sich zu überlagern. Nicht die Fremdheit der Phänomene überraschte uns, sondern ihre Gleichzeitigkeit.

Als Europäer fanden wir schnell Anschluss. Einwanderer aus Bolivien oder auch nur aus dem Norden des Landes hatten es schwerer. »Die kommen doch nur, um uns auszurauben«, warnte uns ein Taxifahrer. Wer indigen aussah, stieß in Buenos Aires auf Misstrauen.

Von der Urbevölkerung waren oft nur die Namen geblieben. So war der Stamm der Quilmes nach der gewaltsamen Umsiedelung aus den Bergen des Nordwestens in eine sumpfige Gegend an der Küste restlos ausgestorben. Jetzt war Quilmes die bekannteste Biersorte des Landes.

Was das Nicht-Sichtbare zeigt

Nach drei Monaten mussten wir Argentinien kurzfristig verlassen, um bei der Wiedereinreise einen neuen Stempel für weitere drei Monate in unsere Pässe zu bekommen. Wir entschieden uns für Chile.

Über Puerto Montt, im Süden Chiles, hatten wir im Reiseführer gelesen, dass die Stadt weitgehend auf deutsche Siedler zurückgeht. Das machte uns neugierig auf die Geschichte des Ortes. Es gab dort ein kleines regionalgeschichtliches Museum. Die Präsentation der Exponate war chronologisch gestaltet. Erst kamen naturgeschichtliche Funde, Versteinerungen, Muscheln, dann ein paar prähistorische Stücke, dann Gebrauchsgegenstände der indigenen Bevölkerung: Körbe, Löffel, Holzgefäße. Im nächsten Raum dann typisches Interieur guter Stuben aus dem frühen 20sten Jahrhundert: ein Tafelservice, ein Grammophon, ein Schaukelstuhl. Der unvermittelte inhaltliche Bruch zwischen diesen beiden Räumen schien keiner Erklärung wert zu sein. Das einschneidendste Ereignis in der Geschichte dieses Ortes, der Völkermord an den Ureinwohnern, wurde mit keinem Gegenstand, keinem Bild und keinem Text bedacht. Gerade das Verschweigen dieses finsteren Kapitels steigerte die unheimliche Atmosphäre, die von dieser Ausstellung ausging. Das, was nicht gezeigt wurde, zeigte das Ausmaß des kollektiven Gedächtnisverlustes der Nachfahren der europäischen Eroberer.

Auf der Rückfahrt nach Buenos Aires fuhren wir durch das patagonische Tiefland. Ich habe nie zuvor und nie mehr danach eine so eintönige Landschaft gesehen, völlig flach bis zum Horizont, stundenlang war kein Baum, kein Haus zu sehen, nur kniehohe Sträucher, so weit das Auge reichte. Martina machte sich darüber lustig, dass ich ununterbrochen aus dem Fenster starrte, obwohl sich der Anblick draußen nicht veränderte. Selbst Tiere waren kaum auszumachen. Im Gegensatz zu dem saftigen Grasland weiter nördlich war hier Viehzucht nur unter äußersten Mühen möglich. Sogar der Wind war monoton, er blies unablässig in die gleiche Richtung, sodass vereinzelte kleine Ortschaften sich durch die Plastiktüten ankündigten, die Kilometer davor in den Sträuchern hingen. Die Orte selbst wirkten nicht so, als könnte man sich hier geborgen fühlen: Autowracks in Vorgärten, staubige leere Straßen.

Vor unserer Argentinienreise hatte mir Martina das Buch von Bruce Chatwin über Patagonien vorgelesen. Darin beschreibt er auch, wie die Ureinwohner dieser Gegend zu Beginn des 20sten Jahrhunderts systematisch ausgerottet wurden. Militärs machten Jagd auf sie und Farmer zahlten pro abgeschnittenem Ohr Prämien.

Es war mir nicht neu, dass die Eroberung Amerikas durch die Europäer eine Geschichte voller Grausamkeiten war. Ich hatte gewusst, dass man fruchtbare Landschaften entvölkert hatte, um Platz für Viehherden zu schaffen oder dass man die Ureinwohner gezwungen hatte, unter unmenschlichen Bedingungen in Bergwerken zu arbeiten, um Gold und Silber aus der Erde zu holen. Für all diese Verbrechen war ein eindeutiges Motiv erkennbar: Habgier.

Dass aber ganze Völker ausgerottet worden waren, um ein derart trostloses, unbrauchbares Land in Besitz zu bringen, das überstieg mein Vorstellungsvermögen. Angesichts der Öde Patagoniens erschien das Geschehene noch monströser. Der Anblick dieser leeren Landschaft brannte sich in mein Gedächtnis ein und wurde für mich zum Sinnbild für die tödliche Konsequenz des westlichen Expansionsdranges.

Pachamama

Der Anfang des Seins der Welt
Heißt die Mutter der Welt
Wer seine Mutter findet, um seine Kindheit zu erkennen,
Wer seine Kindheit erkennt, um seine Mutter zu bewahren:
Der kommt beim Aufhören des Ichs in keine Gefahr.
(Laozi, 52)

Der Gott meiner Kindheit thronte im Himmel. Er war der Vater im Himmel, der Herr, also unverkennbar männlich. Wenn unser Dorfpfarrer von dem Herrn sprach, dann rollte er die beiden r am Ende des Wortes so theatralisch, dass ein leichtes Donnergrollen mitschwang. Neben diesem grimmigen Gott, der auf die Erde herabblickte, gab es aber auch noch eine andere Seite der Religion. Meine Großmutter, deren unangefochtenes Reich die Küche war, sang Tag für Tag beim Kochen, Spülen und Bügeln Marienlieder. Nur ein einziges Mal habe ich erlebt, dass sie eine Reise machte. Es war eine Pilgerfahrt nach Lourdes, zur Heiligen Jungfrau. Von dort brachte sie Weihwasser mit, in einer Plastikflasche in Marienform mit abschraubbarer Krone. Der Herr, das war der ferne Gott in der Kirche, unsere Küche hingegen stand ganz unter der Obhut der Muttergottes.

Dass diese zwei zusammengehörigen, aber doch sehr unterschiedlichen Kulte, etwas mit der Überlagerung vorchristlicher durch christliche Vorstellungen zu tun hatten, dass es sich gewissermaßen um unterschiedliche Sedimentschichten der Religionsgeschichte handelte, war Jahre später eine verbreitete These, die mir sehr einleuchtete. Ich war Student und längst zum Atheismus konvertiert, als immer mehr feministische Theorien in den Geisteswissenschaften Einzug hielten. Vor der jetzigen patriarchalischen Phase, erfuhr ich, habe es ein langes matriarchalisches Zeitalter gegeben. Aber selbst in patriarchalischen Zeiten seien immer noch weibliche Gottheiten verehrt worden, bis dann der Monotheismus damit aufgeräumt habe. Das Bedürfnis nach einer weiblichen Seite der Religion habe sich aber schließlich, wenn auch gezähmt und untergeordnet, im Marienkult abermals eine Ausdrucksform geschaffen.

Während in den heidnischen Kulten weibliche Gottheiten oft im Zusammenhang mit Erde und Fruchtbarkeit standen, war die Muttergottes ganz und gar zur himmlischen Gestalt geworden. So war das Gleichgewicht zwischen Himmel und Erde verloren gegangen. Die Erde war nicht mehr heilig, sie wurde zur Nutzfläche und zur Rohstoffquelle. Schließlich setzte ein gnadenloser Kampf gegen alles Naturwüchsige und Wilde ein, der im Laufe der Zeit den ganzen Planeten erfasste. Ob das eine Erklärung für die Gier war, mit der die Eroberer selbst die ödesten Landstriche an sich gerissen hatten?

Martina und ich machten eine Reise in den Nordwesten Argentiniens, von Buenos Aires, wo wir in der Calle Humahuaca wohnten, bis nach Humahuaca, wo wir eine Unterkunft in der Calle Buenos Aires fanden. Es gab hier auch argentinische Touristen, aber die waren in dieser Gegend genauso fremd wie wir. Von Buenos Aires nach Humahuaca war es weiter als von Hamburg nach Buenos Aires, nicht kilometermäßig, aber mental.

Hier lebte die indigene Bevölkerung zwar in Armut, doch sie hatte überlebt. Sie war rechtzeitig zum Christentum übergetreten und hatte so den Schutz der Kirche genossen. Aber unter der Decke des Katholizismus hatte sich manches von dem alten Kult erhalten. Am Wegesrand waren oft Steinhaufen aufgetürmt, zu Ehren der Pachamama, der Mutter der Erde.

Wir fanden in den indigen geprägten Provinzen viel Kunsthandwerk. In einem regionalen Mitteilungsblatt, in dem sich Kunsthandwerker über ihre Arbeit austauschten, schrieb ein Töpfer über die große Bedeutung, die es für ihn habe, die alten Rituale bei der Herstellung von Gefäßen zu bewahren. Man müsse erst die Pachamama fragen, bevor man Erde zum Arbeiten entnehme.

War es der respektvollere Umgang mit der Erde, den ich darin zu erkennen glaubte? Oder war es, weil mich seit Patagonien die europäische Lebensweise, dieser Drang nach immer mehr, dermaßen befremdete, dass ich nach Gegenentwürfen suchte? Jedenfalls freute ich mich von da an über jedes Steinhäufchen am Wegesrand.

Yin und Yang in den Anden

Selbstverständlich hatten auch die untergegangenen Zivilisationen der Andenvölker keine heile Welt hervorgebracht. Auch sie kannten Kriege. Aber im Gegensatz zu den europäischen Eroberern verfügten sie anscheinend nicht über jenes ideologische Allheilmittel, mit dem sich nahezu alles rechtfertigen lässt. Das absolut Gute, dessen Kampf gegen das absolut Böse jede Grausamkeit erlaubt, dieses Grundschema westlichen Denkens, wie man es in fast jedem Actionfilm wiederfindet, war der indigenen Weltsicht fremd.

In der andinen Kosmologie gibt es nicht die Vorstellung von absolut gut oder absolut schlecht. Alles hat alles in sich. Das gesamte Leben der Andenbewohner ist darauf ausgerichtet, ein ständiges Gleichgewicht (Mitte: chawpi bzw. taypi) zwischen den Gegensätzen zu schaffen. Arbeit, Gebete, Feste und Riten haben zum Ziel, dieses Gleichgewicht wieder herzustellen. So wie die Natur aus komplementären Gegensätzen besteht, bestehen auch jeder Mensch und auch alle Götter aus diesen diametralen Eigenschaften. Besitzt etwas, eine Sache, ein Mensch oder eine der Wesenheiten die eine Eigenschaft, so ist sie auch von der gegenteiligen geprägt. Ohne das Gegenteil ist keine Einheit möglich. Gut ist nur das Ganze - der Ausgleich - und nur durch den Ausgleich ist Stabilität garantiert. (wikipedia)

Damit befindet sich die alte andine Gedankenwelt in einem erstaunlichen Gleichklang mit den Grundzügen der alten chinesischen Philosophie:

Gegensätze existieren in Abhängigkeit zueinander, sie definieren und bedingen sich gegenseitig. Es handelt sich um zwei Pole, wie etwa den positiven und negativen Pol eines Magneten. Gemeinsam bilden sie das Ganze. Ein Symbol dafür ist das Yin-Yang-Zeichen (...). In dem Moment, in dem ein Begriff in der Welt ist und man eine Wertung vornimmt, erzeugt man auch das jeweilige Gegenteil. (Martina Bölck, Wie überall und nirgendwo sonst - Fünf Jahre China, S.396)

Was aber ist das Rechte, wenn man davon ausgeht, dass es keine absolut gültige Moral und nichts absolut Gutes gibt. (...) Das Rechte ist nicht das Gute, sondern das den Umständen angemessene, das, was in einer bestimmten Situation der Regulierung der Kräfte dient. (...) Wenn eine Situation aus dem Gleichgewicht zu kippen droht, sollte man gegensteuern. (Ebenda, S.409)

Achter Teil
Gemeinschaften und Identitäten

Selbstinszenierungen

Sich auf einen Wandel nach starren Grundsätzen etwas zugute tun, sich von der Welt absondern und alles anders machen als die andern, hohe Reden führen und bitteres Urteil fällen: das ist der Menschenhass. So lieben es die Weisen in den Bergklüften, die die Welt verurteilen, die einsam wie ein kahler Baum an tiefem Abgrund stehen.

Von Liebe reden und Pflicht, von Treu und Glauben, von Ehrfurcht und Mäßigkeit, Bescheidenheit und Gefälligkeit: das ist die Moral. So lieben es die Weisen, die die Welt zur Ruhe bringen wollen und Buße verkündigen, die Wanderprediger und Lernbeflissenen.

Von großen Werken reden, sich einen großen Namen machen, die Formen feststellen im Verkehr von Fürst und Diener, das Verhältnis ordnen zwischen Vorgesetzten und Untergebenen: das ist die Politik. So lieben es die Weisen an den Höfen, die ihren Herren ehren und ihren Staat stark machen wollen und ihre Arbeit darauf richten, andere Staaten zu annektieren.

Sich an Sümpfe und Seen zurückziehen, in einsamen Gefilden weilen, Fische angeln und müßig sein: das ist die Stille. So lieben es die Weisen an Fluss und Meer, die sich von der Welt zurückgezogen haben und in freier Muße leben.

Schnauben und den Mund aufsperren, ausatmen und einatmen, die alte Luft ausstoßen und die neue einziehen, sich recken wie ein Bär und strecken wie ein Vogel: das ist die Kunst, das Leben zu verlängern. So lieben es die Weisen, die Atemübungen treiben und ihren Körper pflegen, um alt zu werden wie der Vater Peng.

Aber ohne starre Grundsätze erhaben sein, ohne die Betonung von Liebe und Pflicht Moral haben, ohne Werke und Ruhm Ordnung schaffen, ohne in die Einsamkeit zu gehen Muße finden, ohne Atemübungen hohes Alter erreichen, alles vergessen und alles besitzen in unendlicher Gelassenheit und dabei doch alles Schöne im Gefolge haben: das ist der Sinn von Himmel und Erde, das Leben des wahrhaft Weisen. (Zhuangzi, XV)

Im Laufe der Jahre habe ich mich oft ertappt, wie ich dabei war, mich zu stilisieren: Als Müßiggänger, der den Konventionen der Arbeitsgesellschaft trotzt, als besessenen Künstler, der bis tief in die Nacht hinein kreativ ist, als Aussteiger aus einer konsumkranken Gesellschaft, der nach neuen Lebensmodellen sucht oder als Querdenker und Skeptiker, der jeden Punkt hinter einer Aussage in ein Fragezeichen verwandelt. Ich hatte jeweils ein klares Bild vor Augen, wer ich sei und bemühte mich, diesem Bild so weit wie möglich zu entsprechen. Nicht nur anderen, sondern auch mir selbst gegenüber versuchte ich etwas Bestimmtes darzustellen. Wenn äußere Umstände mich zwangen, von diesen starren Mustern abzurücken und anders zu handeln, als meine Selbstinszenierung es verlangte, dann bereitete mir das Verdruss. War das noch ich? Lebte ich noch mein Leben?

So ging es mir auch nach unserer Rückkehr aus Argentinien. Ich war wild entschlossen, mich als Maler durchs Leben zu schlagen. Ich stellte aus, wo ich nur konnte, ging mit meiner Mappe zu Galeristen, aber es zeigte sich, dass ich auf absehbare Zeit nicht vom Verkauf meiner Bilder leben könnte, jedenfalls nicht, wenn ich in erster Linie Künstler und nicht Handelsreisender in eigener Sache sein wollte. Ich musste eine andere Einnahmequelle finden. Aber einem gewöhnlichen Beruf nachzugehen, zehrte an meinem Selbstbild. Ich, der Bohemien, der sich darin gefiel im Rausch durchtanzter Nächte zu leben, sollte mich nun in fremdbestimmte Arbeitsabläufe einreihen?

Eine Freundin, die Deutsch als Fremdsprache unterrichtete, erzählte einmal, dass ihr Job auf Partys ein echter Gesprächskiller sei. »Wenn ich gefragt werde, was ich mache und ich dann sage, dass ich an der Volkshochschule Deutschkurse gebe, wechseln die meisten das Thema.«

Ausgerechnet diese unspektakuläre Tätigkeit wurde nun ein Teil meines Lebens. Zu meinem Glück! Wie hätte ich ahnen können, dass sie mich ähnlich große Abenteuer erleben ließe wie die Malerei.

Martina hatte schon vor mir angefangen, Deutschkurse zu geben. Sie berichtete von spannenden Begegnungen und Gesprächen. Es klang nach einer Fortsetzung dessen, was wir in Argentinien erlebt hatten, nach einem Blick über den Tellerrand der eigenen Kultur hinaus.

Außerdem war es einer der wenigen Bereiche, wo man als Germanist leicht Arbeit finden konnte, obendrein freiberuflich, ich behielt also einen Rest meiner Unabhängigkeit. Ich konnte es ja mal probieren.

Herbstfluten

Die Zeit der Herbstfluten war gekommen, Hunderte von Wildbächen ergossen sich in den gelben Fluss. Trübe wälzte sich der angeschwollene Strom zwischen seinen beiden Ufern, so dass man von der einen Seite zur andern nicht mehr einen Ochsen von einem Pferd unterscheiden konnte. Darüber wurde der Flussgott hochgemut und freute sich und hatte das Gefühl, dass alle Schönheit auf der Welt ihm zu Gebote stehe. Er fuhr auf dem Strome hinab und kam zum Nordmeer. Da wandte er das Gesicht nach Os-

ten und hielt Ausschau. Aber er entdeckte nicht das Ende des Wassers. Darüber drehte der Flussgott sich um, blickte auf zum Meergott und sagte seufzend: »Was da im Sprichwort steht: Wer hundert Wege kennt, hält sich für unvergleichlich klug, das trifft auf mich zu. (...) Erst bei Euch jetzt sehe ich, was wirkliche Größe und Unerschöpflichkeit ist. Wäre ich nicht vor Eure Tür gekommen, so wäre ich in Gefahr, dauernd von den Wissenden verlacht zu werden.«

Der Gott des Nordmeers sprach: »Mit einem Brunnenfrosch kann man nicht über das Meer reden, er ist beschränkt auf sein Loch. Mit einem Sommerinsekt kann man nicht über das Eis reden, es ist begrenzt durch seine Zeit. Mit einem Fachgelehrten kann man nicht über das Leben reden, er ist gebunden durch seine Lehre. Heute bist du über deine Grenzen hinausgekommen, du hast das große Meer erblickt und erkennst deine Ärmlichkeit: so wird man mit dir von der großen Ordnung reden können. Von allen Wassern auf Erden gibt es kein größeres als das Meer. Alle Ströme ergießen sich darein, kein Mensch weiß, wie lange, und doch nimmt es nicht zu. An der Sinterklippe verdunstet es, kein Mensch weiß, wie lange, und doch nimmt es nicht ab. Frühling und Herbst verändern es nicht; Fluten und Dürre kennt es nicht. Darin besteht seine unermessliche Überlegenheit über Flüsse und Ströme. Und dennoch halte ich mich nicht selbst für groß. Das kommt daher, dass ich das Verhältnis kenne, in dem meine Gestalt zu Himmel und Erde steht, dass ich meine Kraft empfange von den Urmächten des Lichten und Trüben. Ich bin inmitten von Himmel und Erde nur wie ein Steinchen oder ein Bäumchen auf einem großen Berg, das in seiner Kleinheit nur eben sichtbar ist. Wie sollte ich mich da selber für groß halten? Denkst du etwa, dass die vier Meere inmitten von Himmel und Erde nicht nur ei-

ner kleinen Erhöhung oder Vertiefung in dem großen Urmeer entsprechen? Um die Zahl aller Dinge zu bezeichnen, redet man von Zehntausenden, und der Mensch ist nur eben eines davon. Von all den vielen Menschen, die die neun Erdteile bewohnen, sich von Körnerspeise nähren und zu Schiff und Wagen miteinander verkehren, ist der Einzelmensch nur Einer. Wenn man ihn also vergleicht mit den Myriaden von Wesen, ist er da nicht wie die Spitze eines Härchens am Leibe eines Pferdes? Und nun ist alles, was die großen Männer der Weltgeschichte bewegt und bekümmert hat, nichts weiter als diese Dinge. Dass diese Leute sich selbst für so groß halten, darin gleichen sie dir, wie du soeben dein Wasser noch für das größte gehalten hast.« (Zhuangzi, XVII, 1)

Die weite Welt in einem Raum

Ich kann mir kaum eine andere Arbeit vorstellen, die dermaßen den Horizont erweitert, wie das Unterrichten von Deutsch als Fremdsprache in einer multikulturellen Stadt wie Hamburg. In einem Kurs waren manchmal Teilnehmer aus einem Dutzend verschiedener Länder, quer durch die Altersstufen und Bildungsschichten. Im Laufe der Jahre habe ich durch das Unterrichten Menschen aus über achtzig Ländern kennengelernt, unter ihnen Anhänger vieler verschiedener Religionen und Weltanschauungen: katholische, protestantische und orthodoxe Christen, sunnitische, und schiitische Muslime, Hindus, Sikhs, Zoroastrier, Buddhisten unterschiedlicher Traditionen, Agnostiker und Atheisten jeglicher Couleur, Strenggläubige, Moderate und Unentschiedene...

Da es in einem Sprachkurs darum geht, sich in den unterschiedlichsten Lebensbereichen ausdrücken zu lernen, umfassten unsere Gespräche alles von Frühstücksgewohnheiten über Familienfeste bis hin zu politischen und philosophischen Fragestellungen, je nach Sprachniveau und Interesse der Lernenden.

Gegenüber Deutschland, ihrem neuen Zuhause, verhielten sich die Teilnehmer auf nahezu alle erdenklichen Weisen: irritiert, begeistert, schockiert, gleichgültig. Ebenso verschieden waren die Reaktionen der Einzelnen aufeinander. Nichts schien selbstverständlich. Ich erlebte unüberwindliche Klüfte zwischen Christen und Christen, Muslimen und Muslimen, Konservativen und Konservativen, Liberalen und Liberalen, aber auch aufkeimende Freundschaften zwischen Menschen, die unterschiedlicher kaum sein konnten.

Angesichts der Vielfalt von Lebensweisen und Meinungen, die sich in den Kursen darbot, wurde mir klar, wie klein der Ausschnitt war, den mein bisheriger Blick auf die Welt erfasst hatte. Ich war fassungslos angesichts der Weite, die da plötzlich vor mir lag.

Tango am Bosporus

1998 gingen wir für ein paar Monate nach Istanbul. Wir hatten einige türkische Freunde in Hamburg und wollten das Land kennenlernen, aus dem sie kamen. Außerdem hatte Martina in ihren Deutschkursen viele Teilnehmer aus der Türkei. Um ihnen die deutsche Grammatik besser erklären zu können, wollte sie mehr über die Unterschiede zwischen beiden Sprachsystemen erfahren. So hatten wir begonnen Türkisch zu lernen.

Freunde gaben uns die Telefonnummer eines türkischstämmigen Tangolehrers aus München, der regelmäßig nach Istanbul reiste, um dort zu unterrichten. Dieser vermittelte uns den Kontakt zu einer seiner Schülerinnen, bei der wir während unseres Aufenthaltes wohnen konnten.

Damals war die Istanbuler Tango-Szene ein kleines eingeschworenes Häuflein Tanzbegeisterter, es ging sehr familiär zu. Als erfahrene Tänzer wurden wir mit offenen Armen aufgenommen. Wieder einmal erwies sich der Tanz als Türöffner.

Es waren vor allem europäisch orientierte Angehörige der gehobenen Mittelschicht, die hier tanzten, die meisten alteingesessene Istanbuler.

Wir erfuhren von ihnen viel über die sozialen Konflikte ihrer Stadt, deren Bevölkerung innerhalb weniger Jahre stark gewachsen war, vor allem durch eine massive Zuwanderung aus den ländlichen Gebieten Anatoliens. Mittlerweile stellten die Zugezogenen die Mehrheit. Sie stammten häufig aus traditionellen Gegenden und empfanden die Großstadt als einen gefährlichen Ort, in dessen Freizügigkeit sie einen Verfall der Sitten sahen. Umgekehrt fühlten sich viele unserer Tango-Freunde von den Zuwanderern aus dem Osten in ihrer gewohnten Lebensweise bedroht. Ihr Unbehagen gegenüber den Zugezogenen ähnelte auffallend demjenigen, das wir von manchen Deutschen gegenüber Türken kannten. Was in Deutschland oft als Konflikt zwischen einer islamisch und einer christlich geprägten Kultur interpretiert wurde, das entpuppte sich hier als Spannung zwischen traditionellen, ländlichen und modernen, urbanen Strukturen – und zwischen Arm und Reich.

Die einzelnen Stadtteile bildeten unterschiedliche Welten, je nachdem, welche Bevölkerungsgruppe überwog. In dem eher wohlhabenden Teil von Göztepe, wo wir wohnten, sah man kaum mehr Frauen mit Kopftuch als in Hamburg, während in Fatih voll verschleierte Frauen, ganz in schwarz, das Straßenbild prägten.

Diese Welt der Kontraste faszinierte uns. Doch sie war in ein paar Monaten nicht zu erkunden. Im Sommer 2001 hatten wir endlich Zeit und Geld, abermals für einen Monat darin einzutauchen und unsere Freunde wiederzusehen.

Der elfte September

Am elften September 2001 saßen wir vor einem kleinen Café in Istanbul. Ein Mann am Nachbartisch sprach uns an. Er war Künstler und hatte sein Atelier direkt gegenüber. Was wir denn von dieser schrecklichen Geschichte hielten, wollte er wissen. Welche schreckliche Geschichte? Ob wir noch nicht gehört hätten, was in New York passiert sei. Dort seien zwei Flugzeuge in einen Wolkenkratzer geflogen. Er nahm uns mit in sein Atelier. Dort suchte er einen deutschsprachigen Radiosender, damit wir Genaueres hörten.

Später zeigte er uns seine Arbeiten. Neben seiner Malerei machte er Derwischfiguren aus Metall, die an einem dünnen Fädchen hingen und sich drehten, wenn man darunter eine Kerze anzündete. Es gab ein Mobile mit einer ganzen Gruppe davon. Ob wir schon einmal eine Sema, einen Derwischtanz gesehen hätten? Ganz in der Nähe könne man das. Wir sollten unbedingt hingehen. Diese Begegnung mit der mystischen Tradition des Islam dürften wir auf keinen Fall verpassen. Zum Abschied schenkte er uns eine von seinen Derwischfiguren.

Ein paar Tage später saßen wir in einem Saal, wo eine Sema stattfinden sollte. Der Derwisch, der die Zeremonie leitete, hielt vorweg eine Rede, in der er mit tief bewegter Stimme seine Erschütterung angesichts der Geschehnisse in New York ausdrückte. Er forderte alle Anwesenden zu einer Schweigeminute auf. Im Publikum waren amerikanische und europäische Touristen, aber auch viele Türken. Alle erhoben sich gemeinsam. Irgendjemand schluchzte. Die Zeit schien zu stocken.

Schließlich begann die Sema. Die Musik setzte ein und die Derwische begannen sich zu drehen, sie tanzten sich in Trance. Das Gefühl der Verbundenheit, das durch das gemeinsame Gedenken entstanden war, und die spürbare Ergriffenheit der Tanzenden verdichteten sich zu einem Moment geradezu körperlich erlebbarer Intensität.

In jenen Tagen hatten wir zahlreiche Gespräche mit Muslimen, mit Freunden ebenso wie mit Fremden. Alle versicherten uns, wie sehr sie selbst von den Ereignissen geschockt seien und wie wenig das alles mit ihrem Glauben zu tun habe.

Zurück in Deutschland erschrak ich über die vergiftete geistige Atmosphäre. Die im Fernsehen ständig wiederholten Bilder der einstürzenden Wolkenkratzer zeigten Wirkung. Viele Leute sahen plötzlich den Islam pauschal als gewaltbereite Religion. Da konnte ich so viel von tanzenden Derwischen erzählen, wie ich wollte. Die Stimmung war gekippt. Die Theorie vom Kampf der Kulturen hatte neue Anhänger bekommen.

Gottesbegriffe

Ich glaube nicht an unüberwindliche Barrieren zwischen den Kulturen. Ich weiß aber, dass viele in der Religion ihre Identität suchen. Sie kann Gemeinschaft stiften und ein starkes Wir-Gefühl erzeugen. Zugehörigkeit und Fremdheit verlaufen oft entlang religiöser Grenzen. Aber letztendlich gehen die unterschiedlichen Auffassungen innerhalb einer Religion genauso weit auseinander wie die zwischen den Religionen. Ob jemand die heiligen Schriften seiner Tradition wortwörtlich versteht oder bildlich, macht alleine schon einen enormen Unterschied.

Als Kind war Gott für mich ein alter Mann, der irgendwo zwischen den Sternen wohnte. Für andere ist er die kreative Kraft des Universums. Für wieder andere ist er ein unerbittlicher Herrscher und strenger Richter oder – im Gegenteil – die reine Liebe. Manche vermuten ihn im Himmel, andere in ihrem Herzen, wieder andere in allen Dingen. Wenn die Begriffe in Naturwissenschaft und Technik ähnlich unterschiedlich verstanden würden, dann wäre das Notebook, mit dem ich diesen Text schreibe, nie entwickelt worden. Wenn ich von Gott spreche, wie kann ich dann wissen, was dieses Wort in der Gedankenwelt eines anderen Menschen bedeutet?

Anhänger verschiedener Religionen können eine sehr ähnliche Vorstellung von Gott haben, während Anhänger desselben Glaubens darüber oft völlig zerstritten sind.

Sprache ist ein Werkzeug. Was wir benennen können, das wird zu unserem Objekt. Sprache verleiht Macht, sie gibt uns – zumindest gedanklich – Verfügungsgewalt über das Benannte; wir können es in Bezug zu anderen Dingen bringen. So können wir planen und gestalten. Sprache ist auch Nutzbarmachung. Wenn wir von Gott sprechen, dann laufen wir Gefahr, das Göttliche in ein Objekt zu unserem Nutzen zu verwandeln.

Unsere Sprache eignet sich besser für die Beschreibung unserer Alltagswelt als zur Weitergabe transzendenter Erfahrungen. Sprache funktioniert, weil wir mehr oder minder mit dem vertraut sind, wovon wir sprechen. Jeder weiß aus eigener Anschauung, was gemeint ist, wenn von einem Baum die Rede ist. Je mehr sich aber etwas unserer Wahrnehmung entzieht, umso weniger stimmen unsere jeweiligen Vorstellungen davon überein. Bei Han Feizi gibt es die

Geschichte von dem chinesischen Maler, der einmal gefragt wurde, was am leichtesten zu malen sei und was am schwersten. Am schwersten, antwortete er, seien Hunde und Pferde zu malen, weil die jeder aus seinem Alltag kenne, am leichtesten hingegen Geister. *(Vgl. François Jullien, Das große Bild hat keine Form, S.132)*

Religiöse Überlieferungen verweisen auf etwas, das unser begriffliches Denken übersteigt. Jedes Kleben an Worten führt dann zwangsläufig zu Verwirrung.

Fischreusen sind da um der Fische willen; hat man die Fische, so vergisst man die Reusen. Hasennetze sind da um der Hasen willen; hat man die Hasen, so vergisst man die Netze. Worte sind da um der Gedanken willen; hat man den Gedanken, so vergisst man die Worte. Wo finde ich einen Menschen, der die Worte vergisst, auf dass ich mit ihm reden kann? (Zhuangzi, XXVI, 10)

So verstehe ich die unterschiedlichen Religionen als einander ergänzende und sich gegenseitig kommentierende Verweise auf etwas Unsagbares. Sie können Anstöße geben, aber keine eindeutigen Antworten. Selbst der Atheismus bildet dazu keinen unvereinbaren Gegensatz. Als entschiedenes Nein gegen alle vorschnellen Versuche, jenes Unsagbare doch zu sagen, ist auch er eine bedeutende Stimme im Chor.

Die Vögel unter dem Himmel

Als Jugendlicher hatte ich mich vom Katholizismus losgesagt und war zum militanten Atheisten geworden. Später verlor ich auch diesen Glauben. Jedes Bekenntnis, ob für oder gegen etwas, sah ich nun als vorschnelle Festlegung.

Ich wollte offen bleiben für Anregungen aus unterschiedlichen Quellen. Dadurch konnte ich wieder unbefangener an religiöse Texte herangehen – und ihre Schönheit neu entdecken:

Niemand kann zwei Herren dienen: entweder er wird den einen hassen und den andern lieben, oder er wird dem einen anhangen und den andern verachten. Ihr könnt nicht Gott dienen und dem Mammon.

Darum sage ich euch: Sorget nicht für euer Leben, was ihr essen und trinken werdet, auch nicht für euren Leib, was ihr anziehen werdet. Ist nicht das Leben mehr denn Speise? und der Leib mehr denn die Kleidung? Sehet die Vögel unter dem Himmel an: sie säen nicht, sie ernten nicht, sie sammeln nicht in die Scheunen; und euer himmlischer Vater nährt sie doch. Seid ihr denn nicht viel mehr denn sie? Wer ist aber unter euch, der seiner Länge eine Elle zusetzen möge, ob er gleich darum sorget?

Und warum sorget ihr für die Kleidung? Schaut die Lilien auf dem Felde, wie sie wachsen: sie arbeiten nicht, auch spinnen sie nicht. Ich sage euch, daß auch Salomo in aller seiner Herrlichkeit nicht bekleidet gewesen ist wie derselben eins. So denn Gott das Gras auf dem Felde also kleidet, das doch heute steht und morgen in den Ofen geworfen wird: sollte er das nicht viel mehr euch tun, o ihr Kleingläubigen? Darum sollt ihr nicht sorgen und sagen: Was werden wir essen, was werden wir trinken, womit werden wir uns kleiden? Nach solchem allem trachten die Heiden. Denn euer himmlischer Vater weiß, daß ihr des alles bedürfet. Trachtet am ersten nach dem Reich Gottes und nach seiner Gerechtigkeit, so wird euch solches alles zufallen.

Darum sorgt nicht für den andern Morgen; denn der morgende Tag wird für das Seine sorgen. Es ist genug, daß ein jeglicher Tag seine eigene Plage habe. (Die Bibel, Matthäus VI, 24 – 34)

Allein schon diese Worte machen Jesus – aus meiner Sicht – zu einem der großen Weisheitslehrer. Seine unbesorgte Haltung dem Leben gegenüber ist den Menschen allerdings nirgendwo so gründlich ausgetrieben worden wie ausgerechnet im christlich geprägten Abendland. Dort hat allmählich eine dicke Schicht von Dogmen die ursprüngliche Lehre überwuchert. So steht heute im Westen nicht die Weisheit im Zentrum der Religion, sondern der Glaube.

Unbelehrbare Lehrer

Meine frühere Feindschaft gegenüber allem Religiösen richtete sich gegen jene Form der Frömmelei, die ich in meiner Kindheit erlebt hatte. Ich verwechselte dabei die religiöse Überlieferung mit ihren lautstärksten Anhängern. Wie viel Schönheit und menschliche Größe ebenfalls in der Religion wurzelt, von der Musik Bachs bis zur Politik Gandhis, blieb mir lange verborgen.

Es ist aber auch kein Wunder, dass oft gerade die eifrigsten Verfechter eines Bekenntnisses sehr weltliche Interessen verfolgen. Weil Religionen grundlegende Lebensfragen aufgreifen, ist ihr Einfluss immens. Diese Autorität für eigene Zwecke einzuspannen ist sehr verlockend für Macht- und Geldgierige. Der Missbrauch eines Glaubens spricht also keineswegs gegen eine Überlieferung, sondern beweist nur deren Anziehungskraft, selbst auf Menschen, die nicht willens sind, nach ihrem Geist zu leben.

Vor langer Zeit gab es einen Mann, der predigte, dass er den Weg zur Unsterblichkeit kenne.

Der Fürst von Yan sandte einen Boten, um in seinen Besitz zu kommen. Der war nicht rasch genug, so dass der Prediger vorher gestorben war. Da ergrimmte der Fürst von Yan über seinen Boten und wollte ihn hinrichten lassen.

Ein Diener, der seine Gunst hatte, machte jedoch Einwendungen und sprach: »Was die Menschen am meisten fürchten, ist der Tod; was sie am meisten wichtig nehmen, ist ihr eigenes Leben. Jener nun hat sein eigenes Leben verloren; wie wäre er imstande gewesen, Eure Hoheit vom Tode zu retten!« So wurde der Bote nicht hingerichtet.

Es war ein Meister Ci. Der hatte auch jenen Weg lernen wollen. Als er nun hörte, dass der Prediger gestorben sei, da schlug er an die Brust und bedauerte es.

Meister Fu hörte das, lachte über ihn und sprach: »Was er lernen wollte, war doch, nicht zu sterben. Nun ist jener Mensch selbst gestorben; das bedauern kann nur einer, der nicht weiß, worin er Unterweisung suchte.«

Meister Hu sprach: »Meister Fu's Worte sind nicht richtig. Es gibt Menschen, die besitzen Überlieferungen, die sie doch nicht ausführen können. Und es gibt andere, die sie ausführen könnten, aber die Überlieferung nicht besitzen. Im Lande Wei lebte ein tüchtiger Rechenmeister. Als sein Tod herannahte, teilte er seine Kunst zum Abschied seinem Sohne mit. Sein Sohn behielt seine Worte, aber er konnte sie nicht anwenden. Ein anderer fragte ihn darum, und er sagte ihm die Worte seines Vaters. Der Frager benutzte die Worte und wandte die Überlieferung an, so dass er es dem Vater gleich tat. Warum also sollte es unmöglich sein, dass der Verstorbene ein Mittel zum Leben hätte verkündigen können!« (Liezi VIII, 26)

Neunter Teil
Zuhause in der Fremde

Von Beruf Deutscher

In einem fremden Land zu leben und in eine andere Kultur einzutauchen, war für manche unserer Kursteilnehmer ein großes Abenteuer. So etwas wollten wir auch erleben und gingen nach China.* Martina wurde Lektorin des Deutschen Akademischen Austauschdienstes an einer Pekinger Universität. Ihre Chefin dort besorgte auch mir einen Job an einer anderen Uni. Wir waren nun beide von Beruf Deutsche und sollten chinesischen Studierenden ein Bild von Deutschland vermitteln.

Neben der Begegnung mit der fremden Kultur bedeutete unser China-Aufenthalt von daher auch eine Neusichtung der eigenen. Martina unterrichtete unter anderem deutsche Literaturgeschichte. Dadurch entdeckte sie viele Schätze der deutschen Literatur neu, die sie mir abends vorlas.

In deutscher Landeskunde machte ich die Studierenden auch mit der deutschen Kunst des 20. Jahrhunderts bekannt. Expressionismus, Abstrakte Kunst, Konzeptkunst, damit konnten viele in der Klasse erst einmal nichts anfangen. Ich musste vieles erklären und das war auch für mich selbst sehr erhellend.

In Deutschland hatte ich mich im Hinblick auf Kunst immer sehr wortkarg gegeben, um durch Sprache nicht von dem abzulenken, was sich doch über die Augen er-

---

* Auf viele unserer Erfahrungen in China gehe ich in diesem Buch nicht oder nur am Rande ein. Wer sich näher dafür interessiert, dem empfehle ich das Buch von Martina: Martina Bölck, Wie überall und nirgendwo sonst – Fünf Jahre China, Münster, 2010.

schließen sollte. Aber in China war es meine Aufgabe, den Studierenden vor allem über die Sprache einen Zugang zu einer ihnen fremden Kultur zu vermitteln. So lernte ich, mit wachsender Beredsamkeit, auch über Kunst zu sprechen.

Die Kunst ist eine Vermittlerin des Unaussprechlichen; darum scheint es eine Torheit, sie wieder durch Worte vermitteln zu wollen. Doch indem wir uns darin bemühen, findet sich für den Verstand so mancher Gewinn, der dem ausübenden Vermögen auch wieder zugute kommt. (Johann Wolfgang Goethe, Maximen und Reflexionen)

Von Peking aus betrachtet zeigte sich manches Vertraute in neuem Licht. Ich erklärte einer Klasse die Kunstaktion *7000 Eichen* von Joseph Beuys. Ich zeigte Fotos von Bäumen in Kassel, die dabei gepflanzt worden waren. Um diese Aktion zu verstehen, mussten sich die Studierenden nicht in eine fremde Kultur hineinversetzen. Sie konnten bei ihren eigenen Erfahrungen bleiben. Einige von ihnen hatten sich schon an Baumpflanz-Aktionen nördlich von Peking beteiligt. In einer Stadt, die im Frühjahr unter Sandstürmen aus der Wüste Gobi leidet, sind Bäume ein wichtiger Schutz. Die Kunst aus Kassel war hier unmittelbar verständlich, es bedurfte keiner Übersetzung.

Neben deutscher Literatur und Kunst sollte ich auch viele andere Dinge erklären: das politische System Deutschlands, das Bildungssystem, die Wirtschaft... Daraus ergaben sich spannende Diskussionen. Ich lernte die Meinungen und Wertvorstellungen der Studierenden kennen.

Sie erzählten mir auch von ihrem sonstigen Unterricht. Sie waren verpflichtet, an Kursen teilzunehmen, in denen die offizielle Staatsideologie unterrichtet und abgeprüft wurde: Marxismus-Leninismus, die Ideen Mao Zedongs, die Ideen Deng Xiaopings. Die meisten fanden diese Fächer furchtbar öde. Marx war für sie so fremd wie das Land, aus dem er kam. Bis auf wenige Ausnahmen interessierten sie sich kaum für Politik. Wohl aber für Wirtschaft. Solange die boomte, sahen sie keinen Grund, sich in die Angelegenheiten der Regierung zu mischen.

Ich brachte Artikel aus deutschen Zeitungen in den Unterricht mit. Bei Wirtschaftsthemen teilten die Studierenden häufig die Ansichten neoliberaler Autoren. Das konnte ich nachvollziehen. In der Generation ihrer Eltern waren Millionen Menschen während des *Großen Sprungs nach vorn* verhungert. Solche Erfahrungen mit willkürlicher staatlicher Wirtschaftslenkung waren noch sehr lebendig. Die ungezügelte, rasant expandierende Wirtschaft ihres Landes, die trotz wachsender Ungleichheit auch die Situation der Armen insgesamt verbessert hatte, empfanden viele als Segen.

Mir war dieser Glaube an den Markt nicht ganz geheuer. Schließlich hatte mich auch nach dem Zerfall meines kommunistischen Weltbilds sein neoliberales Gegenmodell nie überzeugt. Nach seinen Regeln – Wachstum, Leistung, Effizienz, Nutzen – wollte ich nicht leben, und bisher hatte ich das ja auch ganz gut geschafft.

Aber das war in Deutschland. Nun war ich in einem anderen Land mit anderen Rahmenbedingungen. In Peking traf ich immer wieder auf Leute, Chinesen wie Ausländer, die überall ungenutzte Möglichkeiten witterten und wagemutig neue Geschäftsideen zu verwirklichen suchten. Ich lebte plötzlich in einer anderen Welt, mit einem anderen Zeitgeist und ich versuchte, die Haltung der Menschen, denen ich begegnete, zu verstehen. Wieder einmal musste ich einsehen, wie relativ mein eigener Blickwinkel war. Mehr noch, ich ließ mich selbst ein Stück weit von der herrschenden Stimmung anstecken. Ich ertappte mich bei der Planung großer Projekte. Ich träumte davon, Schwimmbecken an heißen Quellen mit Fliesen zu gestalten, oder ich malte mir aus, wie ich zusammen mit anderen Künstlern den internationalen Kunstmarkt eroberte.

Ich bin nun verschieden davon, (für mich gibt es) nichts, (das unter allen Umständen) möglich und nichts, (das unter allen Umständen) unmöglich wäre. (Konfuzius: Gespräche, XVIII, 8)

Selbstwahrnehmung und Fremdwahrnehmung

Kurz nach unserer Ankunft in China standen wir erstaunt vor einer chinesischen Weltkarte. In der Mitte befand sich nicht etwa Europa, sondern Ostasien. Deutschland war nur ein winziges Land oben links, am Rande der Welt.

Wir wunderten uns oft, was Leute in China über unser Land wussten, aber auch, was sie nicht wussten. Viele Pekinger Taxifahrer kannten sich besser als ich in der deutschen Fußballbundesliga aus, andererseits staunten chinesische Studierende darüber, dass es in den meisten deutschen Großstädten kaum Wolkenkratzer gibt und viele Deutsche gerne in Altbauten leben. Deutschland war doch ein modernes Land und Modernität verbanden sie mit Abriss und Neubau.

Umgekehrt sahen wir China mit einem Blick, der vielen Chinesen fremd, wenn nicht gar befremdlich war. Wir liebten die Marktstraße unseres Viertels, mit ihren vollgestopften Läden und ihren improvisierten Straßenrestaurants. Ausgerechnet so eine ärmliche und rückständige Straße! Manchen Studierenden war es peinlich, dass es so etwas noch in ihrer Stadt gab.

Aber wir trafen in China auch auf Gleichgesinnte, die vieles so sahen wie wir, einschließlich der alten Marktstraße. Folglich war unser Blick auf die Dinge gar nicht so fremd. Wir gehörten zwar – nicht anders als in Deutschland – auch hier zu den Außenseitern, aber gerade das machte manche Freundschaft möglich. So wie ich mich in Deutschland nie ganz zugehörig fühlte, so fühlte ich mich in China nie ganz fremd.

Während unserer Urlaube in Deutschland wurden wir immer wieder gefragt, wie die Chinesen denn nun seien. Je länger wir in Peking lebten, desto hilfloser machte uns diese Frage. Dass die gängigen China-Klischees oft nicht passten, hatten wir bereits nach kurzer Zeit erfahren. Schon eine Stunde im Pekinger Verkehrschaos reichte, um das Stereotyp der chinesischen Höflichkeit nachhaltig zu zerstören. Wenn wir später Gefahr liefen, uns ein Bild von Land und Leuten zu machen, dann dauerte es meistens nicht lange, bis wir jemanden kennenlernten, der ganz und gar nicht in dieses Bild passte.

Aber auch bei Unterschieden, die uns deutlich auffielen, konnten wir nur schwer sagen, was daran nun chinesisch sei. Überall wurde neu gebaut oder modernisiert, große Areale veränderten innerhalb weniger Monate komplett ihr Gesicht, aus ruhigen Gassen wurden Ausgehviertel und aus Brachland komfortable Neubausiedlungen. Die meisten unserer Studierenden waren froh über die rasante Umgestaltung, die ihr Land erfasst hatte. Ihr Fortschrittsglaube unterschied sie zwar von vielen gleichaltrigen Deutschen, erinnerte mich aber an das Deutschland der Wirtschaftswunderjahre. Auch die Prunksucht der Neureichen oder der Stolz von Mittelschichtfamilien auf ihr erstes Auto weckten in mir Kindheitserinnerungen.

An das Bildungssystem, in dem wir nun arbeiteten, mussten wir uns erst gewöhnen. Der Unterricht an der

Universität fand in festen Klassenverbänden statt und war viel verschulter als wir das kannten. Es gab fast ausschließlich Frontalunterricht. Möglichst viel Stoff auswendig zu lernen, wog mehr als eigenständiges Arbeiten. Um es überhaupt bis zur Universität zu schaffen, mussten die Jugendlichen eine harte Auswahl durchlaufen. Am landesweiten Tag der Hochschulaufnahmeprüfung lag über ganz China eine Atmosphäre aus Prüfungsangst und Ehrgeiz. Ungeduldige Eltern belagerten die Eingänge der Prüfungsgebäude und gierten nach Informationen über die Punktezahl, von der das weitere Schicksal ihres meist einzigen Kindes maßgeblich abhängen würde. Entsprechend groß war der Druck, der auf Grund- und Mittelschülern lastete, und wenn eine Familie das Geld dafür aufbringen konnte, dann fing der Drill schon im Kindergarten an, mit Schreibkursen, Englischkursen und Instrumentalunterricht.

Diese extreme Lernorientierung führten wir auf die konfuzianische Bildungstradition zurück und darauf, dass in China das Bestehen der Beamtenprüfung über Jahrtausende für viele Arme der einzige Weg zum sozialen Aufstieg war. So etwas prägt. Hier handelte es sich offensichtlich um etwas typisch Chinesisches.

Jahre später, zurück in Deutschland, wurde uns klar, dass das deutsche Bildungssystem dem chinesischen mittlerweile viel ähnlicher war als zu unserer Studienzeit. Auch hier hatte sich der Leistungsdruck immer weiter verstärkt und für kreatives Lernen war kaum noch Zeit. Was wir als generellen kulturellen Unterschied angesehen hatten, war also nur eine Differenz zwischen zufälligen Momentaufnahmen.

Und doch hatten wir weiterhin unsere Hypothesen, was China von Deutschland unterscheidet. So wunderten wir uns immer wieder über die Fähigkeit vieler Chinesen, unvereinbare Dinge gleichzeitig gelten zu lassen.

Über viele Jahrhunderte hinweg war es in China üblich, je nach Anlass Tempel verschiedener Religionen zu besuchen. Bei Trauer suchte man womöglich beim buddhistischen Mönch Trost, ging aber mit Lebensfragen zum daoistischen. Man war nicht an einen bestimmten Glauben gebunden.

Es gab Studierende, für die Religion – ganz im kommunistischen Sinne – ein Überbleibsel längst überwundener feudaler Zeiten war. Das hinderte sie aber nicht daran, vor einer wichtigen Prüfung im Tempel Räucherstäbchen abzubrennen. Als wir einen buddhistischen Bekannten besuchten, der als Töpfer arbeitete, wunderten wir uns über die große Mao-Statue in seiner Wohnung, die er uns stolz als sein Werk präsentierte.

Auf Reisen in Südchina sahen wir in Taxis Mao-Bildchen am Innenspiegel baumeln. Man sagte uns, das schütze vor Verkehrsunfällen. Ausgerechnet Mao, der den alten Volksglauben äußerst brutal bekämpft hatte, war nun selber zum Schutzheiligen geworden. Eine perfide Strafe.

Kommunismus und Kapitalismus hatten im Westen als der Gegensatz schlechthin gegolten, getrennt durch einen eisernen Vorhang. Hier in China pries man gleichzeitig Mao und den Turbokapitalismus.

Dabei war gerade in China, das uns mit seinem ideologieresistenten Pragmatismus verblüffte, während der Kulturrevolution jede ideologische Abweichung fanatisch bekämpft worden – im Namen des späteren Schutzheiligen.

Die Vielfalt der Wahrheiten

Sowohl ... als auch, statt *entweder ... oder* – diese einfache Formel konnte zwar nicht die vielgestaltigen Unterschiede zwischen Ost und West auf einen Nenner bringen, aber um das zu beschreiben, was wir alltäglich wahrnahmen, erwies sie sich als durchaus hilfreich. Warum hatte sich gerade in Europa eine so rigide Form des Denkens entwickelt? Lag es an der griechischen Philosophie und ihrer strengen Logik? Oder am Christentum, das von einer einzigen Wahrheit ausgeht, die es missionarisch zu vertreten gilt?

Der Monotheismus des Westens beinhaltet die Vorstellung von einem Schöpfer, aus dessen Perspektive die Welt einen eindeutigen Sinn und ein festes Ziel hat. Dieser zentralperspektivische Blick auf die Dinge ist weit entfernt von der chinesischen Auffassung einer Welt im ständigen Kreislauf, in der sich alles wandelt, ohne einem vorgegebenen Plan zu folgen, und die Gegensätze sich im Gleichgewicht halten, ohne einer höheren Bestimmung zu unterliegen.

Die Vorstellung, die Welt sei eine planvolle Schöpfung, verleitet dazu, nach dem Sinn des Lebens oder dem Sinn der Geschichte zu fragen und dabei nach einem möglichst einheitlichen Prinzip zu suchen, von dem aus sich alles Weitere erschließt. Diese Haltung findet sich in der europäischen Geistesgeschichte auch dort, wo das Denken sich längst von der Bindung an die Religion gelöst hat, ja sogar ausgesprochen antireligiös ist. So neigen auch westliche Atheisten oft zu eindimensionalen Erklärungen und versuchen, den Sinn des Lebens streng darwinistisch auf den evolutionären Kampf ums Überleben oder den Sinn der Geschichte streng marxistisch auf die ökonomische Entwicklung und die Entfaltung der Produktivkräfte zurückzuführen. Auch der neoliberale Glaube an den freien

Wettbewerb und die Erhebung der Marktmechanismen zu einem quasi göttlichen Heilsplan passen in dieses Schema.

Als Jugendlicher hatte es mich beeindruckt, wie bei Karl Marx die ganze Analyse des Kapitalismus auf dem Grundwiderspruch zwischen dem Gebrauchswert und dem Tauschwert einer Ware fußt *(vgl.: Das Kapital. 1. Band)* oder wie bei Friedrich Engels die Entwicklung der menschlichen Zivilisation allein auf die Arbeit zurückgeführt wird *(vgl. Friedrich Engels: Anteil der Arbeit an der Menschwerdung des Affen)*. Das verstand ich als streng wissenschaftliches Vorgehen. Ausgehend von möglichst wenigen Grundvoraussetzungen (vergleichbar mit mathematischen Axiomen) entwickelt man ein komplexes, in sich widerspruchsfreies Gedankengebäude. Die religiösen Wurzeln dieser Denkweisen lagen für mich damals im Dunklen.

Auch die Bereitschaft vieler Europäer, Abstraktionen mehr Glauben zu schenken als ihrem unmittelbaren Erleben und ihr Handeln nach Gedankenkonstruktionen zu richten – nach dem Motto »Wer A sagt, muss auch B sagen« – wirkte, von China aus gesehen, plötzlich gar nicht mehr so selbstverständlich.

Fremdheitsgrade

Der Uni-Campus, auf dem wir lebten, lag im Westen von Peking. Anders als im Osten, wo das Botschaftsviertel mit all seinen ausländischen Restaurants, Cafés und Supermärkten lag, wohnten wir in einer sehr chinesischen Umgebung. Über unsere Arbeit hatten wir von Anfang an viel Kontakt, sowohl zu den Studierenden als auch zu unseren chinesischen Kolleginnen und Kollegen. Außerhalb der Uni war es schwieriger. Wir erkundeten unsere nähere

Umgebung. Peking erwies sich als weitläufig, aber nicht sehr zugänglich. Es bestand aus einer Ansammlung vieler kleiner verschlossener Welten. Spaziergänge in unserer Nachbarschaft führten uns oft an langen Mauern entlang, es gab viele eingezäunte Arbeits- und Wohneinheiten mit Wachmännern, die zwar oft nur gelangweilt herumsaßen, aber doch deutlich machten, dass all diese Orte nicht für Außenstehende gedacht waren.

Mit der Zeit verloren wir unsere Scheu, durch bewachte Tore hindurchzugehen. Oft führte der kürzeste Weg quer durch umzäuntes Gelände. Wir konnten dort ein- und ausgehen, ohne dass uns jemand fragte, was wir wollten oder wer wir seien. Die Kontrollen galten nicht uns, sondern eher einer anderen Art von Fremden: Wanderarbeitern, die aus armen ländlichen Regionen kamen und in der Hauptstadt ihr Glück suchten. Sie wurden von den wohlhabenderen Städtern, die um ihr Eigentum fürchteten, misstrauisch beäugt. In der U-Bahn sahen wir manchmal Leute vom Land verzweifelt vor Fahrkartenautomaten stehen, oft überfordert von all der Technik und all den Regeln der Großstadt, die uns hingegen vertraut waren. Schwer zu sagen, wer hier fremder war.

Nach mehreren Monaten in China mussten wir uns eingestehen, dass es schwerer war, einheimische Freunde zu finden, als wir erwartet hatten. Unsere gewohnten Methoden funktionierten nicht. Zum Beispiel über den Tango. Es gab zwar auch in Peking eine Tango-Szene, aber sie bestand fast nur aus Ausländern. So lernten wir Leute aus vielen verschiedenen Ländern kennen, und alle hatten eine Gemeinsamkeit: Sie waren Fremde in China und hatten ähnliche Erfahrungen gemacht. Das schweißte zusammen. Menschen von sehr unterschiedlicher Herkunft empfanden sich hier plötzlich als zusammengehörige Gruppe: als Westler. Nord- und Südamerika, Australien, Neuseeland,

Israel, sowie ein Europa, das die Türkei ebenso einschloss wie Russland, das alles verschmolz vor dem chinesischen Hintergrund zu einem gemeinsamen, identitätsstiftenden Ursprung. Gleichzeitig war es eine schillernd bunte Szene, die wir hier erlebten – Abenteurer, Künstler, Weltenbummler, Geschäftsleute, Glückssucher. Das fanden wir spannend. So wurde der Tango auch in Peking zu einem wichtigen Teil unseres Lebens.

Die Tango-Szene spiegelte allerdings nur einen Teil des internationalen Lebens in Peking wieder. Nicht überall ging es so weltoffen zu. Vor allem viele Angehörige ausländischer Firmen lebten in bewachten Wohnanlagen irgendwo am Stadtrand und die einzigen Chinesen, zu denen sie Kontakt hatten, waren ihre Hausangestellten. Etliche ausländische Kinder wuchsen in Peking auf, ohne die Landessprache zu lernen. Chinesisch war an der deutschen Botschaftsschule nicht einmal Pflichtfach. Dafür gab es alles, was man als Deutscher brauchte, um sich in der anderen Umgebung so wenig wie möglich umzustellen: deutsche Restaurants mit deutschem Bier, deutsche Bäckereien und natürlich einen deutschen Weihnachtsmarkt auf dem Gelände der Botschaft, wo Hausfrauen selbstgebackene Plätzchen für wohltätige Zwecke verkauften. Jeder musste sich nur so viel China zumuten, wie er verkraften konnte.

Die ungleiche Begegnung der Kulturen

In China hatte über Jahrtausende hinweg eine geistige Haltung vorgeherrscht, die nicht auf Wachstum setzte, sondern auf Stabilität und Harmonie. Dagegen hatte sich im Westen ein Denken entwickelt, das in den letzten Jahrhunderten zur Entfaltung einer vorher nie gekannten technologischen Macht führte. Andere Kulturkreise sahen sich gezwungen vom Westen zu lernen, um ihm nicht dauerhaft unterlegen zu sein. Längst schon ist auch China ein Land geworden, in dem die Fortschrittsideologie sich durchgesetzt hat.

Im Westen jedoch ist die Fähigkeit, von anderen Kulturen zu lernen, noch immer unterentwickelt. Zum Teil erklärt sich das aus der Geschichte. Ausgerechnet die Fortschritte in Wissenschaft und Technik haben hier über lange Zeit zu einem geistigen Provinzialismus geführt. Kolonialismus und Missionstätigkeit liefen auf die Bekämpfung nicht-westlicher Vorstellungen hinaus, gegenseitiges Lernen war selten.

Es gab Ausnahmen, wie etwa Richard Wilhelm, der um die Wende vom neunzehnten zum zwanzigsten Jahrhundert als christlicher Missionar nach China ging. Als er fünfundzwanzig Jahre später nach Deutschland zurückkehrte, war er froh, keinen einzigen Chinesen bekehrt zu haben. Er übersetzte, sozusagen als Doppelmissionar, zahlreiche chinesische Klassiker ins Deutsche, unter anderem die Texte des Laozi und des Zhuangzi.

Trotz des derzeitigen Interesses für Taijiquan (Tai Chi) sowie traditionelle chinesische Medizin verläuft der Wissenstransfer zwischen Europa und China immer noch sehr einseitig von West nach Ost. Jetzt, da die westliche Vorherrschaft wackelt, könnte sich daran etwas ändern. Auch die ökonomischen und ökologischen Krisen der Gegenwart könnten ein Anstoß sein, auf der Suche nach gangbaren Wegen nicht nur die eigene begrenzte Kultur, sondern das gesamte Erbe der Menschheit zu durchforsten.

Der Beginn einer wunderbaren Freundschaft

Meine erste Begegnung mit Zhuangzi hatte ich im Sommer 2005 in Xinjiang. Freunde hatten uns ein paar Monate zuvor die von Richard Wilhelm ins Deutsche übersetzte Fassung des Buches nach Peking mitgebracht. Nun waren Martina und ich auf einer Reise in den Westen Chinas. Der Sommer in dieser Gegend ist extrem heiß. In Turpan können die Temperaturen auf bis zu fünfzig Grad im Schatten steigen. So sehr wir auch versuchten, viel von der Gegend zu sehen, die Zeit der Mittagshitze verbrachten wir möglichst bewegungslos an einem schattigen Ort. Die ideale Voraussetzung zum Vorlesen.

Um sich mit Zhuangzi zu beschäftigen ist Xinjiang nicht das Naheliegendste. Politisch ist es zwar eine chinesische Provinz, aber kulturell gehört es zu Zentralasien. Die hier lebenden Uiguren sind Muslime und sprechen eine Sprache, die dem Türkischen verwandt ist. Die Welt, die wir hier erlebten, war gewiss völlig verschieden von derjenigen, in der Zhuangzi vor mehr als zwei Jahrtausenden gelebt hatte. Aber was wir hier sahen und was Zhuangzi uns sagte, das passte oft auf eine ganz verblüffende Art zusammen.

Wir verliebten uns in die Altstadt von Kashgar. Man sah den Märkten an, dass die Stadt ein altes Handelszentrum war. Ein großer Teil dessen, was man hier kaufen konnte, wurde von den Handwerkern, die überall vor ihren Geschäften saßen, von Hand hergestellt. Die Drechsler hatten ihre eigene Straße und die Kupferschmiede die ihre. Man arbeitete kontinuierlich, aber gemächlich vor sich hin, und nebenbei konnte man sich mit seinen Nachbarn oder mit Bekannten unterhalten, die die Straße entlangschlenderten. Doch jetzt bedrohte eine brachiale Modernisierung dieses traditionelle Handwerk, samt der historischen Altstadt, in der es betrieben wurde. Die Regierung pries das als Fortschritt. Der materielle Wohlstand würde sich verbessern. Uns machte der Verlust des Alten traurig.

Vor diesem Hintergrund erschien uns Zhuangzi unglaublich aktuell. Seine Weigerung, in jeder Neuerung auch einen Gewinn zu sehen, entsprach unserer eigenen Gefühlslage. Dass man sich davor hüten sollte, den Blick nur auf das zu richten, was sich bei Verbesserungen verbessert, dass man vielmehr auch das ins Auge fassen muss, was dabei verloren geht, das machte er uns eindringlich klar.

Seitdem geschieht es immer wieder, dass ich etwas erlebe und mir dazu eine Stelle bei Zhuangzi einfällt. Ich habe mich auch mit der alten griechischen Philosophie beschäftigt, die zur Zeit Zhuangzis in ihrem Zenit stand. Auch dabei fand ich Gedanken, die über die Jahrtausende hinweg aktuell geblieben sind. Aber bei Zhuangzi ist es etwas anderes. Bei seiner Lektüre fühle ich mich im Austausch mit einem vertrauten Menschen, einem Freund.

Dabei weiß ich fast nichts über ihn. Selbst das Buch, das seinen Namen trägt, stammt nur zum Teil von ihm, viele der Texte sind erst später von Anhängern seiner Schule zusammengestellt worden. Man erzählt, dass er irgendwo in der Provinz einen ruhigen Posten als Aufseher eines Lackbaumgartens innehatte. Diese Ruhe war es wohl, aus der er schöpfte.

Zehnter Teil
Verständigung durch Bilder

Bohemeleben

Am Anfang bot mir das Unterrichten einen idealen Zugang zu der neuen Umgebung. Aber irgendwann wurde es zur Routine. Die Uni zahlte mir mehr als ich brauchte. So hatte ich nach drei Jahren einiges angespart. Ich sah keinen Grund, weiterhin einer geregelten Arbeit nachzugehen. Ich war frei. Und glücklich. Ich lebte in einer faszinierenden Stadt, in der es noch vieles zu entdecken gab, und ich hatte Zeit, viel Zeit. Keine Verpflichtungen schränkten mich ein. Tanzen, Malen, Gitarre spielen, Freunde treffen oder einfach nur durch die Straßen schlendern und auf die Dinge warten, die sich von selbst ergaben, das alles war nun möglich, wann immer ich wollte.

Ich freute mich auf neue Erfahrungen. Wie würde es sein, als Müßiggänger in einer dermaßen geschäftigen Stadt wie Peking zu leben? Jedenfalls würde ich dadurch die Dinge von einem ganz ungewöhnlichen Blickwinkel aus betrachten können. Wild entschlossen stürzte ich mich wieder einmal ins Nichtstun.

Die gelbe Brücke

In Peking lebte ich in zwei getrennten Welten: in einem chinesischen Umfeld und in der Ausländerszene. Dazwischen gab es kaum eine Brücke. Die Künstlergruppe *Gelbe Brücke* war ein Versuch, das zu ändern.

Ich hatte eine deutsche Künstlerin kennengelernt, die ebenfalls schon seit Jahren in Peking lebte. Sie hatte die Idee mit der Gruppe. Wir suchten nach weiteren Interessenten. Es kam eine bunte Mischung zusammen: Künstlerinnen und Künstler aus Deutschland, Italien, den USA und China. Zur Gründung organisierten wir eine gemeinsame Ausstellung.

Künstlergruppen hatten mich schon immer fasziniert: die Brücke, der Blaue Reiter oder die französischen Surrealisten. Im Gegensatz dazu hatten wir uns aber nicht zusammengetan, um ein gemeinsames künstlerisches Programm zu vertreten. Im Gegenteil: Ein Reiz der *Gelben Brücke* bestand gerade darin, dass wir völlig verschieden waren. So hingen bei unserer Präsentation meine abstrakten Bilder neben den realistischen Landschaftsmalereien und Portaits der amerikanischen Kollegin.

Wir hatten keinen gemeinsamen Stil. Wir teilten nicht einmal eine gemeinsame Sprache. Wir waren zu heterogen, um ein Ganzes zu werden. Aber wir bildeten ein Netz, das die Begegnung der einzelnen Mitglieder untereinander ermöglichte. So entstanden Freundschaften.

Manchmal gab es auch Konflikte, aber interessanterweise verliefen die Konfliktlinien nicht entlang der kulturellen Grenzen, sondern quer dazu. Wir begegneten uns nicht als Vertreter unserer Herkunftsländer, sondern als Individuen. Ein Außenstehender hätte ohne weitere Informationen die Arbeiten der einzelnen Mitglieder der Gruppe wohl kaum nach Nationalitäten ordnen können. In der gegenwärtigen Kunst sind die Unterschiede zwischen persönlichen Stilen größer als diejenigen zwischen den Kulturen.

Das Dorf der Maler

Im Osten von Peking gibt es ein Dorf mit dem Namen Songzhuang. In den 90er Jahren siedelten sich dort

Künstler an, weil es ein paar leerstehende Hallen gab und die Mieten niedrig waren. Außerdem war man dort weiter weg von der Zensur. Mit der Zeit kamen immer mehr Künstler hinzu, wie viele es waren, wusste niemand genau. Unterschiedliche Zahlen waren im Umlauf: zwei-, drei-, gar viertausend. Mittlerweile gab es in Songzhuang etliche Galerien und Museen, Sammler aus der ganzen Welt kamen hierher, die Mieten waren längst gestiegen. Einige im Dorf waren sehr erfolgreich, aber für viele war es schwer, sich mit ihrer Kunst durchs Leben zu schlagen.

Die Bilder, der Songzhuanger Künstler waren von ihrer Qualität her sehr unterschiedlich. Den ersten Eindruck vermittelten sicher die Straßenhändler. Entlang der Hauptstraße konnten Besucher oft schon für wenig Geld etwas für ihre Couchecke finden. Hier dominierten gefällige Malstile, Nachahmungen und Klischees. Es gab darüber hinaus im Ort zahlreiche Galerien und Museen mit einem ausgesuchteren Angebot. Um die wirkliche Bandbreite der Stile, Techniken und Themen der Songzhuanger Künstler zu erfassen, musste man sich allerdings Zeit nehmen, sich durchfragen und viele der Ateliers besuchen, die oft in staubigen, unscheinbaren Straßen hinter hohen Mauern verborgen lagen. Es gab dort Großartiges zu entdecken.

Auch einige Mitglieder der *Gelben Brücke* lebten in dem Dorf, andere hatten dort Freunde. So ergab sich schließlich für unsere Gruppe im Rahmen eines Songzhuanger Kunst-Festivals die Möglichkeit, uns in einer Multimedia-Präsentation in einem der Museen des Ortes vorzustellen. Das Publikum bestand zum großen Teil aus einheimischen Künstlern. Wir unterhielten uns lange über unsere jeweiligen Arbeiten, über das Leben als Künstler in China und anderswo, über künstlerische Entwicklungen und Modeerscheinungen, über Konkurrenz und Zusammenhalt. Für Künstler – auch in China oft ausgeprägte Individualisten – war es bestimmt nicht immer leicht, Teil einer so riesigen kreativen Masse zu sein, wie das in Songzhuang der Fall war. Aber dafür gab es auch viel Austausch und Anregungen.

Abends saßen wir in einem Restaurant in großer Runde zusammen und aßen und tranken und lachten. Danach zogen wir von einem Atelier ins andere, bis spät in die Nacht. Songzhuang war auch ein Ort zum Feiern.

Ich fand mich hier in einer Welt wieder, von der ich vorher nichts geahnt hatte. In Europa gab es so etwas nicht. Dort waren Künstlerdörfer, etwa in Südfrankreich, oft idyllische, alte Orte, die von ihren früheren Bewohnern irgendwann aufgegeben worden waren und wo sich nun Maler und Bildhauer angesiedelt hatten, um sich von der Schönheit ihrer Umgebung inspirieren zu lassen. Songzhuang hingegen war – äußerlich gesehen – ein unglaublich öder Ort. Aus unerfindlichen Gründen hatte die Kreativität seiner Bewohner vor dem Ortsbild kapituliert. Das Dorf war eine Produktionsstätte, ein Wirtschaftsstandort ohne jegliche Romantik.

Aber ich hatte auch noch nirgendwo sonst auf so engem Raum so viele Leute getroffen, die sich für die gleichen Dinge begeisterten, die mich über so viele Jahre beschäftigt hatten. Ich fühlte mich aufgehoben unter Gleichgesinnten. Hier war ich fremd und gehörte doch dazu.

Es zog mich immer wieder nach Songzhuang. Ich fand dort Freunde. Zum Beispiel Yu Fu. Ich besuchte ihn oft in seinem Atelier. Er war ursprünglich nicht aus Peking. Sein Chinesisch hatte einen starken Akzent, den ich nur mit viel Mühe verstehen konnte. Aber sobald wir über Bilder sprachen, waren alle Verständigungsschwierigkeiten vergessen. Wir zeigten uns das Mit- und Gegeneinander der Farben, das Verhältnis von Fülle und Leere, den Schwung klarer Linien im Kontrast zu verschwimmenden Formen.

Wieder einmal erlebte ich, wie schon zuvor in Argentinien, dass ich in einem fremden Land Menschen finden konnte, die mir in Hinblick auf die Kunst näher und ähnlicher waren als die meisten meiner eigenen Landsleute. Die Kunst, die ich in Deutschland als einen Weg nach innen entdeckt hatte, erwies sich immer klarer auch als ein Weg nach außen. Sie ließ Freundschaften entstehen.

Die interkulturelle Begegnung der Engel

Mit Zhao Yiyang, einem anderen Mitglied der *Gelben Brücke*, war ich schon vor der Gründung der Gruppe befreundet. Er war Teilnehmer an einem Deutsch-Intensivkurs, in dem ich unterrichtete. So wie ich nach China gekommen war, um eine andere Kultur zu erfahren, so zog es ihn ins Ausland. Als wir uns kennenlernten war er Anfang zwanzig und hatte vor Kurzem ein Design-Studium abgeschlossen. Er wollte neue Erfahrungen sammeln und deshalb an einer Kunsthochschule in Deutschland studieren.

Wir trafen uns abends oft zum Kochen und unterhielten uns auf Deutsch über die Kunst und das Leben. In vielen ästhetischen Fragen hatten wir eine erstaunlich ähnliche Sicht auf die Dinge. Er fuhr mit mir nach Tangshan, einer Industriestadt mit zahlreichen Keramikfabriken und -manufakturen und half mir, eine passende Firma zu finden, um Keramikfliesen nach meinen Entwürfen herstellen zu lassen. Ohne ihn hätte ich das kaum geschafft, denn auch Geschäftsverhandlungen verliefen in China ganz anders als in Deutschland.

Der Chef der Firma, bei der wir schließlich produzieren ließen, verfolgte eine für mich völlig unverständliche Strategie. Als ich bereits glaubte, alles sei unter Dach und

Fach, äußerte er plötzlich neue Bedenken, und als ich dann sicher war, die Gespräche seien endgültig festgefahren, erwies er sich als erstaunlich nachgiebig. Mein Freund machte mir schnell klar, dass das, was ich danach als festes Verhandlungsergebnis ansah, nur eine Absichtsbekundung beider Seiten war – und eine Basis für Nachverhandlungen. Auf mich alleine gestellt, hätte ich wahrscheinlich spätestens an diesem Punkt aufgegeben. Ein paar Wochen später hatten wir dann wirklich den endgültigen Vertrag ausgehandelt. Unser Geschäftspartner erwies sich als sehr zuverlässig, und die Fliesen, die er schließlich lieferte, waren von wunderbarer Qualität.

Ich besprach mit Zhao Yiyang die Beobachtungen, die ich im Laufe der Verhandlungen gemacht hatte. Schon waren wir wieder bei einem unserer gemeinsamen Lieblingsthemen, den Missverständnissen zwischen den Kulturen und den Möglichkeiten und Schwierigkeiten, diese abzubauen. Damit beschäftigte sich mein Freund auch in seiner künstlerischen Arbeit. Ich besitze von ihm ein Poster, auf dem musizierende Barockengel zu sehen sind, die er aus einem europäischen Bild in eine neue Umgebung versetzt hat, inmitten ätherisch tanzender buddhistischer Engel aus den Wandgemälden der Dunhuang-Grotten in Westchina. Das Poster gehört zu einem Zyklus mit dem Titel *Interkultureller Dialog*. Die dicken europäischen Engel wirken erstaunt, vielleicht sogar ein wenig erschrocken, so, als würde ihnen zum ersten Male aufgehen, dass andere Kulturen andere Engel haben.

Kunst im globalen Dorf

Nach Indonesien verschlug mich der Zufall. Die Geschichte begann in Hongkong, während der Sommerferien. Diese Zeit nutzten wir immer für ausgedehnte Reisen. Hongkong, der Name hatte für mich einen Klang nach Betriebsamkeit und Kommerz. Aber die Stadt sprengte alle meine Erwartungen. *Shopping is everything* war der Leitspruch eines riesigen Einkaufsfestivals, das gerade stattfand. Als wäre dieses Motto für sie eine höhere Verpflichtung hetzten Massen von Einheimischen und Besuchern voll bepackt mit Einkaufstüten von Laden zu Laden, auf der Suche nach dem ultimativen Sonderangebot. So eine Stadt erschließt sich am besten, wenn man selber irgendwelchen Geschäften nachgeht, dann kann man sich von ihrer Energie treiben lassen. Wir hingegen wurden schon vom bloßen Zuschauen müde.

Wir waren viel herumgelaufen und erschöpft, als wir an einer Bar vorbei kamen, und beschlossen, dort etwas zu trinken und ein bisschen auszuruhen. Wir kamen mit dem Wirt, einem Kolumbianer, ins Gespräch, er setzte sich zu uns an den Tisch. Woher wir denn kämen, wollte er wissen. Ah, Peking, interessant, und was wir dort machten. Ich erzählte von meiner Kunst und gab ihm die Adresse meiner Internetseite.

Ein paar Tage später gingen wir wieder in diese Bar. Der Wirt hatte sich tatsächlich meine Website gründlich angeschaut und war begeistert. Vor allem mit den Keramikfliesen, so war er überzeugt, müsse doch etwas zu machen sein. Er nahm sein Mobiltelefon, blätterte im Adressbuch. Ein Freund von ihm sei Architekt, dem würde mein Design ganz bestimmt auch gefallen. Aber leider sei er nicht mehr in Hongkong, sondern zurück nach Indonesien gegangen. Ein halbes Jahr später flog ich nach Bali, um diesen Architekten zu treffen.

Bali ist eine Insel für die Sinne, verwöhnt mit einer üppigen Tropenvegetation, ausgedehnten Stränden, Reisterrassen und Vulkanlandschaften. Der traditionelle Baustil hat sich noch weitgehend erhalten, die Häuser sind oft aufwändig mit Stein- und Holzschnitzereien verziert, umgeben von liebevoll angelegten Gärten und mit Blumen überwucherten Mauern. Es gibt kaum ein Dorf ohne einen prächtigen hinduistischen Tempel. An den Straßen stehen unzählige Götterstatuen und Altäre. Überhaupt ist die religiöse Tradition noch sehr lebendig. Man legt Opfergaben für die Götter vor die Tür, vor allem Blumen. Bei Prozessionen tragen Frauen Schalen mit kunstvoll arrangiertem Obst auf dem Kopf. Rituelle Musik und Tänze sind überall präsent.

Auf Bali findet sich ungewöhnlich viel künstlerisches und kunsthandwerkliches Können. Malerei, Steinschnitzerei und Holzschnitzerei sind neben dem Tourismus eine wichtige Einnahmequelle. Das brachte mich auf den Gedanken, nach meinen Fliesenentwürfen Steinschnitzereien herstellen zu lassen.

Ich kann kein Indonesisch, aber zum Glück sprechen sehr viele Leute auf Bali Englisch. So konnte ich mich einfach herumtreiben lassen, durch Dörfer wandern, mit Leuten ins Gespräch kommen und mich zu ihnen setzen.

Oft wurde ich gefragt, ob ich als Tourist oder geschäftlich unterwegs sei? Sowohl als auch, antwortete ich. Was denn mein Geschäft sei? Ich erklärte, ich sei auf der Suche nach Handwerkern, die bestimmte Muster für mich schnitzten. Ich zeigte meinen Gesprächspartnern einen Katalog mit meinen Entwürfen. Sie begannen zu blättern und während sie blätterten, merkte ich, wie ich mich in ihrer Wahrnehmung veränderte. Ich war nicht mehr einer von unzähligen Reisenden, ich war nun jemand mit eigenen Zügen, ich war derjenige, der hinter dieser Art von Kunst stand. Der Funke war übergesprungen. Das Gespräch floss jetzt in andere Bahnen, wurde vertrauter, persönlicher. Wieder einmal öffnete die Kunst Türen. Problemlos fand ich Handwerker, die meine Entwürfe umsetzten.

Aus der geplanten Zusammenarbeit mit dem Architekten wurde nichts. Aber der kreative Prozess, in dessen Verlauf sich meine Entwürfe entwickelt hatten, war um eine Facette reicher geworden.

Zwischen Nützlichkeit und Freiheit

Die Kräfte des inneren Lebens zerrinnen, wenn man sich einen Namen machen will. (Zhuangzi, XXVI, 9)

Ich hatte gelernt, die Malerei gezielt als Kommunikationsmittel einzusetzen. In China verhalf mir das zu vielen Begegnungen. Ich war eingebunden in eine quirlige Künstlerszene. Dort hatte ich Freunde gefunden. Wir trafen uns, um über Kunst zu sprechen. Oft aber ging es vor allem um Ausstellungsmöglichkeiten. Peking war eine Stadt im Aufbruch, voller Macher mit allen möglichen Geschäftsideen, und auch viele Künstler waren von dieser allgemeinen Stimmung angesteckt. Auch ich wollte da mithalten und wurde schnell hineingezogen in die gemeinsame Suche nach Erfolg und Ruhm.

Aber ich war darin nicht gut. Den Kontakt zu Leuten zu suchen, weil sie mir nützlich sein könnten, fiel mir schwer. Stattdessen ging ich ihnen aus dem Weg. Ich beobachtete mich dabei und stand dann manchmal kopfschüttelnd neben mir. Wie konnte ich mich nur selber so boykottieren und Chance um Chance ungenutzt verstreichen lassen? Ich erlebte es als Unzulänglichkeit und fing an, in mich zu gehen und nach möglichen Ursachen für meine Scheu zu suchen. Vielleicht brauchte ich ja eine Therapie – oder doch wenigstens ein Coaching.

Martina wollte mir helfen und überlegte mit mir gemeinsam, was ich verändern könnte. Aber zu meiner eigenen Verwunderung wechselte ich nun die Rolle. Ich bezog sofort die Gegenposition zu allem, was ich noch eine Minute zuvor selbst gesagt hatte, und verteidigte mein Verhalten: Schließlich lebte ich doch ein Leben nach meinen Vorstellungen. Ich hatte alle meine Zeit für meine Kunst und für andere Dinge, die ich gerne tat. Und gute Freunde hatte ich über die Malerei auch gefunden. Warum sollte ich da Klinken putzen? Meinen künstlerischen Erfolg zu organisieren, das wäre eine harte Arbeit, die mich doch nur von mir entfremden würde. Was scheren mich Lukrativität und Nützlichkeit. Das hatte doch nichts mit Kunst zu tun und auch nichts mit einem intensiven Leben.

Es bedurfte vieler Gespräche dieser Art, bis ich begann, meinen eigenen Argumenten zu glauben. Demnach war meine Schwäche eine Stärke, die mich davor bewahrte, ins Hamsterrad der Erfolgsjagd zu steigen. Es war mein fehlender Geschäftseifer, der meine Freiheit bewahrt und mir zwei Jahrzehnte lang Freude an den unvorhersehbaren Wendungen des kreativen Prozesses geschenkt hatte. Folglich befand sich mein Verhalten im Einklang mit meinen tieferen Wünschen. Nicht mein Handeln musste ich ändern, sondern mein Denken.

Sobald ich mich auch nur probeweise auf diese Haltung einließ, fühlte ich mich stark und souverän. Das konnte zwar auch Selbsttäuschung sein – wie in der Fabel vom Fuchs und den Trauben. Doch auf Dauer würde mir das dann nicht verborgen bleiben. Wenn mir der Erfolg wirklich so wichtig war, würde meine Stimmung früher oder später wieder in die andere Richtung umschlagen. Aber das geschah nicht. Offensichtlich war mir meine Unabhängigkeit also wirklich wichtiger.

Zhuangzi fischte einst am Flusse Pu. Da sandte der König von Chu zwei hohe Beamte als Boten zu ihm und ließ ihm sagen, dass er ihn mit der Ordnung seines Reiches betrauen möchte.

Zhuangzi behielt die Angelrute in der Hand und sprach, ohne sich umzusehen: »Ich habe gehört, dass es in Chu eine Götterschildkröte gibt. Die ist nun schon dreitausend Jahre tot, und der König hält sie in einem Schrein mit seidenen Tüchern und birgt sie in den Hallen eines Tempels. Was meint Ihr nun, dass dieser Schildkröte lieber wäre: dass sie tot ist und ihre hinterlassenen Knochen also geehrt werden, oder dass sie noch lebte und ihren Schwanz im Schlamm nach sich zöge?«

Die beiden Beamten sprachen: »Sie würde es wohl vorziehen, zu leben und ihren Schwanz im Schlamm nach sich zu ziehen.«

Zhuangzi sprach: »Geht hin! Auch ich will lieber meinen Schwanz im Schlamm nach mir ziehen.« (Zhuangzi, XVII, 10)

Ich kenne in mir den Wunsch nach Erfolg. Aber ich kenne auch andere Wünsche: nach Muße, nach unbekümmerter Zeit, nach Freiheit. Alldem kann ich am besten nachgehen, wenn ich mich nicht einseitig mit dem Wunsch nach Erfolg identifiziere. Wenn ich mich frage, was ich will, kann ich auch die falsche Antwort erhalten. Ich und ich sind nicht derselbe. Was ich unter *ich* verstehe, das kann auch eine festgefahrene Gewohnheit oder der verinnerlichte Druck von außen sein. Wie bei einer russischen Matroschka, so ist auch das Ich, das mir eine oberflächliche Selbstbetrachtung zeigt, nur eine leere Hülle, die ein anderes Ich verbirgt, das aber auch nur eine weitere Hülle ist. Den tiefsten Kern kenne ich noch nicht. Womöglich ist er leer.

Elfter Teil
Rückbesinnung

Die Mitte

Zhuangzi wanderte in den Bergen. Da sah er einen großen Baum mit reichem Blätterschmuck und üppigem Gezweig. Ein Holzfäller stand daneben, aber berührte ihn nicht. Nach der Ursache befragt, antwortete er: »Er ist unbrauchbar.« Zhuangzi sprach: »Diesem Baum ist es durch seine Unbrauchbarkeit zuteil geworden, seines Lebens Jahre zu vollenden.« Als der Meister das Gebirge wieder verlassen hatte, nächtigte er im Haus eines alten Bekannten. Der alte Bekannte war erfreut (über den Besuch) und hieß seinen Diener eine Gans schlachten und braten. Der Diener erlaubte sich zu fragen: »Die eine kann schreien, die andere kann nicht schreien; welche soll ich schlachten?« Der Gastfreund sprach: »Schlachte die, die nicht schreien kann!« Andern Tags fragten den Zhuangzi seine Jünger und sprachen: »Kürzlich im Gebirge dem Baum ist es durch seine Nutzlosigkeit zuteil geworden, seines Lebens Jahre zu vollenden. Die Gans des Gastfreundes dagegen hat ihre Nutzlosigkeit mit dem Tode büßen müssen. Was ist vorzuziehen, Meister?« Zhuangzi lächelte und sprach: »Ich ziehe es vor, die Mitte zu halten zwischen Brauchbarkeit und Unbrauchbarkeit. Das heißt, es mag so scheinen; denn in Wirklichkeit genügt auch das noch nicht, um Verwicklungen zu entgehen. Wer aber sich dem Sinn und Leben anvertraut, um (diese Welt) zu überfliegen, dem geht es nicht also. Er ist erhaben über Lob und Tadel, bald wie der Drache, bald wie die Schlange; entsprechend den Zeiten wandelt er sich und ist allem einseitigen Tun abgeneigt; bald hoch oben, bald tief unten, wie es das innere Gleichgewicht erfordert; er schwebt em-

por zum Ahn der Welt. Die Welt als Welt behandeln, aber nicht von der Welt sich zur Welt herabziehen lassen: so ist man aller Verwicklung enthoben. Ganz anders der, der wichtig nimmt die Dinge der Welt und die Überlieferungen menschlicher Beziehungen. Wo Einigung, da Trennung; wo Werden, da Vergehen; wo Ecken sind, da wird gefeilt; wo Ansehen ist, da wird geurteilt; wo Taten sind, da gibt es Misserfolg; wo Klugheit ist, da gibt es Pläne, und Unbrauchbarkeit wird verachtet. Wie könnte es für einen solchen Sicherheit geben? Ach, meine Schüler, merkt es euch: Im Sinne nur und Leben sei unsere Heimat!«
(Zhuangzi, XX, 1)

Zwischen Rückzug und Widerstand

Als Jugendlicher war ich politischer Aktivist. Dann kamen mir meine revolutionären Ideale abhanden. So kam ich vom Handeln zum Nichthandeln. Muße bedeutete für mich aber nicht Rückzug, sondern eine andere Form der Rebellion. Ich verstand sie als Gegenentwurf zu einer Gesellschaft, die Leistung und Wettbewerb fordert.

Diese Haltung gründete so fest auf meinen Lebenserfahrungen, dass meine Politikverweigerung im Laufe der Zeit dogmatische Züge annahm. Ich war wieder einmal einseitig geworden. Das wurde mir allerdings nicht durch Nachdenken bewusst, sondern durch äußere Ereignisse.

Zurück aus China mussten wir erst einmal die ganzen Eindrücke verarbeiten, die wir dort gesammelt hatten. Wir lebten zwar wieder in Hamburg, aber mental waren wir noch in Peking. Martina schrieb ein Buch über unsere Zeit dort, und ich vertiefte mich in die chinesische Philosophie und nahm Unterricht in Taijiquan.

Dass ganz in unserer Nähe junge Leute Bäume besetzten, auf denen sie einen ganzen eisig kalten Winter ausharrten, bekamen wir nur am Rande mit. Andere Anwohner brachten den Besetzern Essen und Wärmflaschen. Mir aber war der Platz des Himmlischen Friedens immer noch näher als die Bäume rings um unsere Wohnung.

Die Besetzung sollte Fällungen verhindern, mit denen Platz für eine Großbaustelle geschaffen werden sollte. Ein Energiekonzern wollte auf der anderen Elbseite ein gigantisches Kohlekraftwerk errichteten und dort Wärme für das Hamburger Fernwärmenetz erzeugen – ein Mammutprojekt, das Hamburg über Jahrzehnte hinweg von Steinkohle abhängig gemacht hätte. Die dazu nötige Fernwärmetrasse sollte genau durch unsere Nachbarschaft verlegt werden.

Zum Glück waren die Besetzer auch ohne uns erfolgreich. Die Bäume überlebten den Winter. Dann stoppte ein Gericht vorläufig alle weiteren Arbeiten, bis alle Einwendungen von Bürgern gegen das Projekt von den Behörden geprüft wären. Dadurch war Zeit gewonnen, Zeit genug auch für uns, um zu realisierten, dass auch der Baum vor unserem Haus bedroht war. Er brauchte unseren Schutz. Als ersten Schritt verfasste Martina eine Einwendung:

Der Baum vor dem Fenster

Vor meinem Fenster steht ein Baum. Eine Eiche. Mein erster Blick nach dem Aufwachen fällt auf diesen Baum. Im Sommer filtert er den Sonnenschein zu einem diffusen Sommerlicht, seine Zweige und Blätter tanzen Schatten an die Wand.

Vor etwa 50 Jahren gepflanzt, reicht seine Krone inzwischen von meinem Schlafzimmer über die zwei Fenster meines Arbeitszimmers. Und darüber hinaus, so dass mein Mitbewohner nebenan das Gefühl hat, der Baum stünde eigentlich vor seinem Fenster.

Im Frühjahr warte ich ungeduldig auf die ersten Triebe dieses Baums. Er lässt sich Zeit, hält mich hin, bis er dann plötzlich, fast auf einen Schlag, zu sprießen beginnt und von Tag zu Tag grüner und dichter wird. Vom Sofa im Arbeitszimmer beobachte ich Spatzen, Tauben und Amseln, die ihn besuchen und auf den Zweigen wippen. An trüben Tagen tröpfeln Regentropfen von Blatt zu Blatt. Melancholisch sehe ich ihnen dabei zu, trinke Tee und fühle mich seltsam getröstet.

Um nachzufühlen, was dieser Baum mir bedeutet, muss man wissen, dass ich an einer sehr lauten, bei mir sechsspurigen Straße wohne. Feuerwehr, Polizei und Rettungswagen rasen mit heulenden Sirenen vorbei, nachts kommen die Schwertransporter. Bei offenem Fenster zu schlafen ist unmöglich. Wenn ich lüfte, riecht es nach Abgasen, nicht nach frischer Luft. Doch wenn ich mein Zimmer betrete, sehe ich grünes Blätterwerk, fast als würde ich in einem Park wohnen. Der Baum vor meinem Fenster lässt mich die Straße ertragen.

Zum Glück hat er es mit dem Blätterabwerfen nicht eilig. Erst bekommt er Früchte, wird dann ganz allmählich goldgelb und lichter, bis ich morgens nach einem Sturm auf kahle Zweige blicke. Wieder ein Sommer vorbei. Der Baum begleitet mich durch das Jahr. Jetzt sehe ich die hässlichen Häuserfronten gegenüber, die große, auch nachts grell beleuchtete Reklame. Die Polizeisirenen und der Straßenverkehr klingen lauter. Doch auch im kahlen Baum sitzt manchmal ein Vogel im Geäst. Irgendwann sind die Zweige beim Aufwachen schneebedeckt verzaubert und ich kuschle mich noch mal in die Decken. Jetzt hat der Winter richtig angefangen. Der lange Winter. Schon warte ich ungeduldig auf die ersten Triebe. Immer wieder vergesse ich, wann es im letzten Jahr angefangen hat. Macht nichts, denke ich mir, wir haben ja noch Zeit miteinander, der Baum und ich. Nächstes Jahr merke ich es mir bestimmt.

Ich stelle mir vor, wie wir zusammen älter werden, ich grauhaariger und faltiger, er dicker und knorriger. Wie ich dann immer noch Tee trinkend die Regentropfen von seinen Blättern fallen sehe.

Doch jetzt wird ein großes, neues Kohlekraftwerk gebaut, ein Kraftwerk, das viele Fachleute für energiepolitisch verfehlt halten. Und die dazugehörige Fernwärmetrasse soll durch unsere Straße gehen. Die Bäume am Straßenrand sollen gefällt werden.

Ich wundere mich selbst, wie verzweifelt und traurig ich bei dem Gedanken bin, dass der Baum nicht mehr vor meinem Fenster stehen könnte.

So wie es mir mit diesem Baum geht, geht es sicherlich anderen Anwohnern mit »ihrem« Baum. Es ist anstrengend an einer Straße wie der unseren zu leben. Wir brauchen die Bäume, das bisschen Grün, um das auszuhalten.

Muße und Politik

Ich war froh, dass ich gerade nicht viel zu tun hatte. Während unserer Zeit in China hatten wir genug Ersparnisse angesammelt, um die Dinge erst einmal gelassen angehen zu können. Ich gab zweimal in der Woche für jeweils zwei Stunden einen Deutschkurs, das war alles. So konnte ich mich nun auf den Widerstand gegen die Pläne des Energiekonzerns konzentrieren. Um unseren Baum zu retten, wurde ich zum Vollzeit-Aktivisten. Viele Nachbarn hingegen, die genauso empört waren wie ich, klagten darüber, dass ihre beruflichen Verpflichtungen ihnen keine Zeit ließen, sich gegen die Trasse zu wehren. Mir sicherte das Nichtstun die Freiheit zum Tun im richtigen Augenblick.

Die Menschen fragen immer, wie sie Tao folgen sollen. Das ist so einfach und natürlich wie das Verhalten des Reihers, der im Wasser steht. Der Vogel bewegt sich, wenn es sein muß und er bewegt sich nicht, wenn Stille das Richtige ist.

Das Geheimnis seiner Gelassenheit liegt in einer besonderen Art von Wachsamkeit, in einer Art von Kontemplation. Der Reiher döst nicht einfach stumm vor sich hin. Er befindet sich in einem Zustand luzider Stille. Er steht unbeweglich im Fluß des Wassers. Er schaut ganz ruhig und wach. Wenn Tao ihm etwas zufügt, das er benötigt, dann ergreift er die Gelegenheit, ohne zu zögern oder nachzudenken. Danach kehrt er zurück in den Zustand der Stille, ohne sich selbst oder seine Umgebung zu stören. Wenn er nicht die richtige Position in der Strömung gefunden und geduldig gewartet hätte, würde ihm das nicht gelingen. (Deng Ming-Dao, 365 Tao, 14.1.)

Meine neue Einsicht, dass politisches Handeln ein gewisses Maß an Muße erfordert, fand ich durch die Lektüre der Politik des Aristoteles bestätigt. Danach liegt es im Interesse einer Tyrannei, die Bürger nicht zur Ruhe kommen zu lassen. So seien Monumentalbauten wie die ägyptischen Pyramiden ganz im Sinne einer Gewaltherrschaft (vgl. Aristoteles, Politik, 5. Buch, 11. Abschnitt).

Im Umkehrschluss bedeutet das, dass Muße für das langfristige Bestehen einer Demokratie unabdingbar ist. Eine Hochleistungsgesellschaft, in der alle Lebensbereiche einer permanenten Beschleunigung unterliegen, untergräbt die Fundamente der Freiheit. Nur wenn Menschen genug Muße haben, sind sie frei, sich um die Dinge zu kümmern, die ihnen am Herzen liegen.

Manche haben so viel zu tun, unten das Wasser aufzuwischen, dass sie gar nicht dazu kommen, oben den Hahn zuzudrehen. (Fritz Reheis: Entschleunigung, S.25)

Philosophische Spaziergänge

Ich machte bei einer Nachbarschaftsinitiative mit, die sich gegen die Fernwärmetrasse stellte. Wir wollten den Plänen des Energiekonzerns eine lebhafte Stadtteilkultur entgegensetzen. Künstler sollten Patenschaften für einzelne bedrohte Bäume übernehmen und die Parks und Straßen der Umgebung sollten Orte der Begegnung werden, Treffpunkte für Diskussionen über ökologische und politische Fragen. So wollten wir viele Menschen in unseren Widerstand einbeziehen. Wir veranstalteten Lesungen und schließlich auch philosophische Spaziergänge.

Ich suchte nach Themen, die ich dabei einbringen könnte. Dass ich bei Zhuangzi fündig wurde, lag nicht nur an meiner Begeisterung für die alte chinesische Philosophie, sondern vor allem daran, dass manche Zhuangzi-Texte provokant genug sind, auch in gegenwärtigen Debatten lebhafte Diskussionen auszulösen.

Der Ziehbrunnen

Zi Gong war im Staate Chu gewandert und nach dem Staate Jin zurückgekehrt. Als er durch die Gegend nörd-

lich des Han-Flusses kam, sah er einen alten Mann, der in seinem Gemüsegarten beschäftigt war. Er hatte Gräben gezogen zur Bewässerung. Er stieg selbst in den Brunnen hinunter und brachte in seinen Armen ein Gefäß voll Wasser herauf, das er ausgoss. Er mühte sich aufs äußerste ab und brachte doch wenig zustande. Zi Gong sprach: »Da gibt es eine Einrichtung, mit der man an einem Tag hundert Gräben bewässern kann. Mit wenig Mühe wird viel erreicht. Möchtet Ihr die nicht anwenden?«

Der Gärtner richtete sich auf, sah ihn an und sprach: »Und was wäre das?« Zi Gong sprach: »Man nimmt einen hölzernen Hebelarm, der hinten beschwert und vorn leicht ist. Auf diese Weise kann man das Wasser schöpfen, dass es nur so sprudelt. Man nennt das einen Ziehbrunnen.«

Da stieg dem Alten der Ärger ins Gesicht, und er sagte lachend: »Ich habe meinen Lehrer sagen hören: Wenn einer Maschinen benützt, so betreibt er all seine Geschäfte maschinenmäßig; wer seine Geschäfte maschinenmäßig betreibt, der bekommt ein Maschinenherz. Wenn einer aber ein Maschinenherz in der Brust hat, dem geht die reine Einfalt verloren. Bei wem die reine Einfalt hin ist, der wird ungewiss in den Regungen seines Geistes. Ungewissheit in den Regungen des Geistes ist etwas, das sich mit dem wahren Sinne nicht verträgt. Nicht dass ich solche Dinge nicht kennte: ich würde mich schämen, sie anzuwenden.« (Zhuangzi, XXIV, 4)

Jenseits der Utopien

Der Baum vor meinem Fenster hatte mich dazu gebracht, mich nach über zwanzig Jahren wieder politisch zu betätigen. Aber das tat ich nicht mehr aus einem marxistisch geprägten Fortschrittsdenken heraus. Fortschritt, so argwöhnte ich nun, kann auch ein Schritt fort von Erhaltenswertem sein. Die Welt veränderte sich bereits von alleine und das mit zunehmender Geschwindigkeit. Mit etwas mehr Ruhe und Besinnung, so dachte ich, wäre schon viel getan.

Ebenso wenig wie an eine vorwärts gewandte Utopie glaubte ich aber an eine rückwärts gewandte. Der Mann, der sich weigert einen Ziehbrunnen zu benutzen, wirkte auf mich genauso befremdlich, wie er schon zu Zhuangzis Zeiten gewirkt haben muss.

Dennoch faszinierte mich die Geschichte von dem Alten im Gemüsegarten, denn darin kommt ein hochmodernes Thema zur Sprache, nämlich dass jede Technik die Menschen formt, die sich ihrer bedienen. So wird das moderne Leben umso rasender, atemloser, je schneller unsere Computer getaktet sind. Die Technik, die doch eigentlich das Leben angenehmer machen sollte, treibt die Menschheit vor sich her. Man feiert Freiheit und Individualität und doch werden die meisten immer unfreier und gleichförmiger, ersticken in Unrast, kommen nicht zu sich selbst. Dabei werden die angestrebten Ziele immer höher gesteckt, und nur die wenigsten können sie erreichen.

Die Menschen der Masse suchen Dinge, die sich nicht erzwingen lassen, zu erzwingen, darum sind sie fortwährend in Aufregung. Weil sie ihrer Aufregung freien Lauf lassen, so haben sie immer etwas zu machen und zu erstreben. Die Aufgeregtheit aber richtet auf die Dauer zugrunde. (Zhuangzi, XXVII, 11)

Auch das Verhältnis zu Pflanzen und Tieren ist heute distanziert und technisch. Für Wärme und Mitgefühl bleibt da wenig Platz.

» Für die Mäuse ließen sie stets etwas Reis liegen.
Aus Erbarmen mit den Motten zündeten sie keine Lampen an. «
Solche Gedanken, wie sie die Menschen des Altertums hegten,
Sind Kräfte, die uns wahrhaft Mensch werden helfen.
Ohne sie sind wir bloß Klötze aus Erde und Holz.
(Hong Yingming, I, 170)

Auch sich selbst beurteilen mittlerweile viele vor allem nach ihrer Brauchbarkeit und stacheln sich zu immer höheren Leistungen an. Mehr und mehr Menschen fühlen sich dauerhaft überfordert. In einem ständig sich verschärfenden Konkurrenzkampf werden mit Verbissenheit auch die letzten Reserven mobilisiert. Ob Mensch oder Natur, alles soll sich rechnen. Alles wird nutzbar gemacht und das Nutzbare wird daraufhin geprüft, wie es effektiver genutzt werden kann. Die Zeichen stehen auf Wettbewerb und Kampf.

Es ist ein Kampf ohne Sieger. Selbst die Erfolgreichen, die nach oben gespült werden, bezahlen ihre Karriere mit ständiger Überlastung. Politiker sehen schon nach einer Amtszeit um viele Jahre gealtert aus, Firmenchefs hetzen sich durch die Termine eines restlos verplanten Tages, ständig auf der Hut vor der Konkurrenz, die nicht schläft. Sie sind die bedauernswerten Opfer ihrer eigenen Ambitionen, ihres Hungers nach Reichtum, Macht und Ruhm.

Diese ledernen Helme und Mützen mit Federbüschen, all die Orden und Ehrenzeichen und die langen Schärpen dienen nur dazu, ihre Äußerungen zu binden. Innerlich sind sie vollgestopft mit Reisig, und äußerlich sind sie gefesselt mit doppelten Stricken und Banden, und da blicken sie befriedigt und ruhig aus ihren Stricken und Banden heraus um sich und meinen, sie haben's erreicht. Dann können die Verbrecher, denen die Arme verschränkt sind und Daumenschrauben angelegt, oder Tiger und Panther in Sack und Käfig auch denken, sie haben's erreicht. (Zhuangzi, XII, 15)

Leben – es gibt nichts Selteneres in der Welt. Die meisten Leute existieren, weiter nichts. (Oscar Wilde)

Wer Lebensfreude höher schätzt als Status, muss Wege finden, sich vom allgemeinen Treiben nicht anstecken zu lassen. Dazu finden sich wertvolle Hinweise in alten chinesischen Schriften. So schrieb schon vor vierhundert Jahren Yuan Tschonglang:

Ich finde, die Freude ist eine seltene Gabe in diesem Leben. Freude ist wie die Farbtönung der Berge, der Geschmack des Wassers, die Pracht der Blumen und der Charme der Frauen. Sie wird nur von denen geschätzt, die Verständnis besitzen, und sie lässt sich schwer mit Worten beschreiben. (...) Lebensfreude ist uns angeboren, sie kann nicht erworben werden. Bei Kindern findet man sie am häufigsten. Sie haben das Wort »Freude« wahrscheinlich nie gehört, aber man sieht sie ihnen allenthalben an. Es fällt ihnen schwer Ernst zu sein; sie zwinkern, schneiden Gesichter, sprechen mit sich selbst, springen, hüpfen, hopsen herum und balgen sich. (...) Je weiter ein Mensch sich von seiner Art entfernt, desto schwerer fällt es ihm, sich am Leben zu freuen. Manche erliegen dem Reiz rein sinnlichen Genusses und nennen es »Spaß«, sie finden Gefallen an Fleisch, Wein und sexuellen Ausschweifungen, sie verachten die herkömmlichen Sitten und Gebräuche und behaupten, dass sie sich auf diese Weise von allen Fesseln befreien. Wenn einer im Leben vorwärtskommt, nimmt er häufig eine immer höhere Stellung ein und genießt ein immer größer werdendes gesellschaftliches Ansehen; Körper und Geist sind durch tausend Belastungen und strenge Pflichten behindert. Wissen, Gelehrsamkeit und Lebenserfahrung verstopfen sogar seine Poren und dringen hindurch bis zu den steifgewordenen Gelenken. Je mehr einer weiß, desto größer wird seine Verwirrung, und desto weiter entfernt er sich vom Verständnis für die Freude am Leben. (Nach Lin Yutang)

Solche Überlegungen entspringen in China einer uralten Tradition. Auch Zhuangzi, vor über zweitausenddreihundert Jahren, war nicht ihr Begründer. Auch er überlieferte eine Haltung aus einer grauen Vorzeit, ein uraltes Erbe der Menschheit:

Die vor alters ihr Selbst zu wahren wussten, schmückten nicht durch Beweise ihr Wissen auf. Sie suchten nicht mit ihrem Wissen die Welt zu erschöpfen, suchten nicht mit ihrem Wissen das Leben zu erschöpfen. Auf steiler Höh' weilten sie an ihrem Platz und kehrten zu ihrer Natur zurück. Was hätten sie auch handeln sollen? Der Sinn besteht wahrlich nicht aus kleinen Tugenden; das Leben besteht wahrlich nicht aus kleinen Erkenntnissen. Kleine Erkenntnisse schädigen das Leben; kleine Tugenden schädigen den Sinn. Darum heißt es: Sich selbst recht machen ist alles. Höchste Freude ist es, das Ziel zu erreichen.

Was die Alten als Erreichung des Ziels bezeichneten, waren nicht Staatskarossen und Kronen, sondern sie bezeichneten damit einfach die Freude, der nichts zugefügt werden kann. Was man heute unter Erreichung des Ziels versteht, sind Staatskarossen und Kronen. Staatskarossen und Kronen aber sind nur etwas Äußerliches und haben nichts zu tun mit dem wahren Leben. Was von außen her der Zufall bringt, ist nur vorübergehend. Das Vorübergehende soll man nicht abweisen, wenn es kommt, und nicht festhalten, wenn es geht. Darum soll man nicht um äußerer Auszeichnungen willen selbstisch werden in seinen Zielen, noch um äußerer Not und Schwierigkeiten willen es machen wollen wie die andern. Dann ist unsere Freude dieselbe im Glück und Unglück, und man ist frei von allen Sorgen. Heutzutage aber verlieren die Leute ihre Freude, wenn das Vorübergehende sie verlässt. Von diesem Gesichtspunkt aus sind sie auch mitten in ihrer Freude immer in Unruhe. Darum heißt es: Die ihr Selbst verlieren an die Außenwelt, die ihr Wesen preisgeben an die andern: das sind verkehrte Leute. (Zhuangzi, XVI, 4)

Zen und die Kunst, frei zu sein

Ich vertiefte mich in die chinesischen Klassiker und durchforstete sie nach interessanten Passagen, die ich in die Diskussion einbringen könnte – und fühlte mich dabei auf einmal unangenehm an meine kommunistische Zeit erinnert. Wollte ich etwa wieder mit missionarischem Eifer zum Wohle der Menschheit irgendwelche Schriften verbreiten? Ich kannte doch die Kluft, die sich oft zwischen der Absicht eines Textes und seiner Wirkungsgeschichte auftut – woher nahm ich die Hoffnung, diese Bücher würden so verstanden, wie ich es wünschte?

Alte Weisheit ist kein Wundermittel. Wie alles, was sich in Worte fassen lässt, kann auch sie in die Irre führen. Auch die Wirkungsgeschichte des alten chinesischen Denkens hat schließlich ihre dunklen Seiten.

Die daoistische Philosophie von Laozi und Zhuangzi hatte viele Berührungspunkte mit der Lehre des Buddhismus. Nicht nach Macht und Reichtum zu streben, sich nicht an die Außenwelt zu verlieren, darin stimmten beide Denkrichtungen überein. So verwundert es nicht, dass, als der Buddhismus von Indien nach China kam, Schulen entstanden, die ihn mit dem Daoismus verschmolzen. Am stärksten ausgeprägt ist diese Symbiose buddhistischer und daoistischer Elemente im Chan-Buddhismus, der sich schließlich auch nach Japan ausbreitete, wo er unter dem Namen Zen über die Jahrhunderte einen prägenden Einfluss auf die dortige Kultur hatte. Der Zen lehrte seine Anhänger, egoistische Motive abzutun, bis hin zu einem Erlöschen des Ego. Leer zu werden war das Ziel der Zen-Übungen.

Das machte es möglich, den Zen-Buddhismus zu instrumentalisieren. Im Militär waren Kämpfer, die von eigenen Bestrebungen leer waren, loyale Untergebene. Zen wurde zur Schule für Krieger, die ihren Befehlshabern bedingungslos folgten.

So konnte schließlich der japanische Militarismus und Imperialismus auf massive Unterstützung aus den Zen-Klöstern bauen. Zen-Mönche waren tief verstrickt in die japanischen Kriegsverbrechen während des Zweiten Weltkriegs.

Das Ego abzutun ist nur möglich ohne Unterwerfung, denn es ist das Ego, das sich unterwirft. Wenn man sich bestehenden Strukturen unterordnet, dann verkehrt sich das Verweilen jenseits von Gut und Böse, von Lob und Tadel, von Gewinn und Verlust, auf das die Leere hinausläuft, in einen kaltblütigen Gehorsam. Der Versuch, das Ego aufzugeben, bedeutet dann Verfügbarkeit für die Ansprüche eines fremden Egos. So kann man sich von Zen kaum weiter entfernen als durch Zen.

Das sagt nichts gegen den Buddhismus, auch nichts gegen Zen, genauso wenig wie die Kreuzzüge gegen das Christentum oder der islamistische Terror gegen den Islam sprechen. Es bestätigt nur das Gesetz, dass sich nichts effektiver für eigennützige Ziele einspannen lässt, als das, was vielen heilig ist und sie im tiefsten Inneren berührt.

Das Dao und der Westen

Der Gefahr, zum daoistischen Missionar zu werden, entging ich erst einmal dadurch, dass wir Erfolg hatten. Der Energiekonzern gab seine Pläne auf – zum einen wegen des massiven Widerstands, zum anderen wegen veränderter Rahmenbedingungen. Damit ließ auch unser Eifer nach, solche Projekte wie die philosophischen Spaziergänge voranzutreiben. Dennoch habe ich seitdem den einen oder die andere mit meiner Begeisterung für die alte chinesische Philosophie angesteckt. Ich denke weiterhin, dass sie ein wertvoller Beitrag zu vielen aktuellen Debatten sein kann.

Die Philosophie des Dao hat in Ostasien eine Jahrtausende alte Geschichte. Es ist auch die Geschichte der Versuche, sie zu zähmen, ihre Energien zu kanalisieren und für allerlei Zwecke nutzbar zu machen. Im Westen dagegen sind die Lehren der alten chinesischen Weisen, obwohl die Ratgeber-Literatur sie längst für sich entdeckt hat, noch relativ frisch und unverbraucht.

Gerade hier, wo kriegerische Ehrenvorstellungen und blinde Selbstaufgabe in Verruf geraten sind, könnten die alten chinesischen Texte, befreit vom Staub der Jahrhunderte, neue Kraft entfalten. Vom modernen Westen der Wunsch nach Selbsterkenntnis und Selbstentfaltung, vom alten Osten das Wissen, dass es dazu keiner ständig gesteigerten Betriebsamkeit bedarf, sondern wacher Muße und einem klaren Blick nach innen, das könnte neue Wege bahnen, wenn die alten in Zukunft nicht mehr gangbar sein sollten. So könnten sich, allen düsteren Zukunftsszenarien zum Trotz, die Dinge vielleicht doch noch zum Guten wenden.

Was ich gut nenne, hat mit der Moral nichts zu tun, sondern ist einfach Güte des eigenen Geistes. Was ich gut nenne, hat mit dem Geschmack nichts zu tun, sondern ist einfach das Gewährenlassen der Gefühle des eigenen Lebens. Was ich Hören nenne, hat mit dem Vernehmen der Außenwelt nichts zu tun, sondern ist einfach Vernehmen des eigenen Innern. Was ich Schauen nenne, hat mit dem Sehen der Außenwelt nichts zu tun, sondern ist einfach Sehen des eigenen Wesens. Wer nicht sich selber sieht, sondern nur die Außenwelt; wer nicht sich selbst besitzt, sondern nur die Außenwelt: der besitzt nur fremden Besitz und nicht seinen eigenen Besitz, der erreicht nur fremden Erfolg und nicht seinen eigenen Erfolg. (Zhuangzi, VIII)

Epilog

Im Mittelpunkt dieses Buches steht die daoistische Philosophie, die vor annähernd zweieinhalbtausend Jahren niedergeschrieben worden ist. Was ich an Geschichten aus meinem Leben erzähle, das soll der Illustration dieser Texte dienen. Es soll zeigen, dass sie über all die Zeit hinweg nichts von ihrer Aktualität verloren haben.

Vor allem Zhuangzi zeigt mit seiner Betonung des Nicht-Tuns und seinem Lob des Nutzlosen, wie viel Schönheit und Lebensfreude uns derzeit durch die Wertschätzung von Ehrgeiz und Leistungsorientierung verloren gehen.

Die Erde ist zu schön, um sie nur als Rohstofflager zu sehen. Das Leben ist zu kostbar, um es den Zwängen des Nützlichkeitsdenkens unterzuordnen. Es ist ein Rausch, ein Tanz, ein Fest. Aber wir sind nur wenige, die es mit Leidenschaft feiern. Die meisten kommen nicht dazu, sie haben dringende Termine - und Hunderte ungelesener E-Mails.

Wenn der Landmann nichts mehr zu tun hat mit Gras und Unkraut, so hat er nichts mehr, an das er sich halten kann; wenn der Kaufmann nichts mehr zu tun hat mit Gassen und Märkten, so hat er nichts mehr, an das er sich halten kann. Nur wenn die Menschen der Menge ihren tagtäglichen Beruf haben, so geben sie sich Mühe. Die Handwerker sind von der Geschicklichkeit und Handhabung ihrer Werkzeuge abhängig, um sich zu fühlen. Kann er nicht Geld und Gut anhäufen, so wird der Geizhals traurig. Wenn Macht und Einfluss sich nicht stetig ausdehnen, so wird der Ehrgeizige trostlos. Die Sklaven von Macht und Reichtum sind nur glücklich im Wechsel. Wenn sie eine Zeit finden, in der sie wirken können, so können sie sich nicht des Handelns entlassen. Sie alle folgen ihrem Pfad mit derselben Regelmäßigkeit wie der Kreislauf des Jahres. Sie sind befangen in der Welt der Dinge und können sich nicht ändern. So rennen sie dahin, innerlich und äußerlich gefangen, versinken in der Welt der Dinge und kommen ihr Leben lang nicht wieder zu sich selbst. Ach, das ist traurig! (Zhuangzi: XXIV, 4)

Quellenangaben

Hinweis: Die chinesischen Namen habe ich im Buchtext weitgehend an die heute verwendete Pinyin-Umschrift angepasst. In den Quellenangaben erscheinen sie hingegen entsprechend der Schreibweise der jeweils verwendeten Bücher (Hong Ying-ming = Hung Ying-ming, Kongzi = Konfuzius, Laozi = Laotse, Liezi = Liä Dsi , Zhuangzi = Dschuang Dsï). Die verwendeten Zhuangzi- und Laozi-Zitate lehnen sich, sofern nicht anders vermerkt, an die Übersetzung von Richard Wilhelm an. Ich habe die Übersetzungen an die aktuell gültige Rechtschreibung angepasst und gelegentlich Änderungen vorgenommen, um den Originaltexten stilistisch und inhaltlich näherzukommen.

- Aristoteles: Politik. Übersetzt und herausgegeben von Franz F. Schwarz, Verlag Philipp Reclam, Stuttgart, 1989
- Bachmann, Ingeborg: Die Gedichte. Insel Verlag, Leipzig, 1980
- Bölck, Martina: Wie überall und nirgendwo sonst – Fünf Jahre China. Münster, 2010
- Brecht, Bertolt : Die Dreigroschenoper. Suhrkamp Verlag, Frankfurt am Main, 1968
- Brecht, Bertolt: Svendborger Gedichte. In: Gedichte in 8 Bänden, Band 4, Suhrkamp Verlag, Frankfurt am Main, 1960-1965
- Chatwin, Bruce: In Patagonien – Reise in ein fernes Land. Aus dem Englischen von Anna Kamp, Rowohlt Verlag, Reinbek bei Hamburg, 1981
- Cheng, François: Fülle und Leere – Die Sprache der chinesischen Malerei. Aus dem Französischen von Joachim Kurtz, Merve Verlag, Berlin, 2004
- Deng Ming-Dao: 365 Tao – Heilende Meditationen für das ganze Jahr. Ansata Verlag, Interlaken, 1995
- Deng Xiaoping: Nach: Der Spiegel, 3/1976
- Dschuang Dsï: Das wahre Buch vom südlichen Blütenland. Übersetzt von Richard Wilhelm, Atmosphären Verlag, München, 2004

- Duden: Herkunftswörterbuch – Etymologie der deutschen Sprache. 2. völlig neu bearbeitete Auflage, Günther Drosdowski (Hrsg.), Dudenverlag, Mannheim, Wien, Zürich, 1989
- Engels, Friedrich: Anteil der Arbeit an der Menschwerdung des Affen. In: Dialektik der Natur. Marx-Engels-Werke (MEW), Band 20, Dietz Verlag, Berlin/DDR, 1962
- Feyerabend, Paul: Wider den Methodenzwang – Skizze einer anarchistischen Erkenntnistheorie. Suhrkamp Verlag, Frankfurt am Main, 1976
- Goethe, Johann Wolfgang: Faust – Der Tragödie zweiter Teil. Reclam Verlag, Stuttgart, 2006
- Goethe, Johann Wolfgang: Maximen und Reflexionen. In: Werke, Kommentare und Register, Hamburger Ausgabe in 14 Bänden, Band 12, Zwölfte durchgesehene Auflage, C.H. Beck'sche Verlagsbuchhandlung, München, 1994
- Horaz (Quintus Horatius Flaccus): Ars Poetica. Die Dichtkunst. Lateinisch / Deutsch, Übersetzt von Eckart Schäfer, Stuttgart, 1984
- Hung Ying-ming: Vom weisen Umgang mit der Welt. Herausgegeben von William Scott Wilson, Aus dem Englischen von Hans-Ulrich Möhring, O.W.Barth Verlag, 1988
- Jullien, François: Das große Bild hat keine Form. Fink Verlag, München, 2005
- Konfuzius: Gespräche. In: Die Lehren des Konfuzius. Übersetzt von Richard Wilhelm, Zweitausendeins, Neu-Isenburg, 2008
- Laotse: Tao te king. Übersetzt von Richard Wilhelm, Fischer Taschenbuch Verlag, Frankfurt am Main, 2008
- Lessing, Gotthold Ephraim: Emilia Galotti. Reclam Verlag, Stuttgart, 1973
- Liä Dsi: Das wahre Buch vom quellenden Urgrund. Übersetzt von Richard Wilhelm, Diederichs Verlag, München, 2009
- Lin Yutang: Glück des Verstehens. Weisheit und Lebenskunst der Chinesen. Aus dem Englischen über-

setzt von Liselotte und Wolf Eder, Ernst Klett Verlag, Stuttgart, 1966
- Lichtenberg, Georg Christoph: Aphorismen (Sudelbücher). http://gutenberg.spiegel.de/buch/6445/7 (aufgerufen am 16.06.2016)
- Marcuse, Herbert: Triebstruktur und Gesellschaft – Ein philosophischer Beitrag zu Sigmund Freud. Suhrkamp Verlag, Frankfurt am Main, 1965
- Marx-Engels-Stiftung (Hrsg.): Bruder Nietzsche? Wie muss ein marxistisches Nietzsche-Bild heute aussehen? Edition Marxistische Blätter, Düsseldorf, 1988
- Marx, Karl: Das Kapital. Band 1, Marx-Engels-Werke (MEW), Band 23, Dietz Verlag, Berlin / DDR, 1962
- Nietzsche, Friedrich: Also sprach Zarathustra. Alfred Körner Verlag, Stuttgart, 1930.
- Nietzsche, Friedrich: Die fröhliche Wissenschaft. Reclam Verlag, Leipzig, 1990
- Nietzsche, Friedrich: Jenseits von Gut und Böse. In Werke III, herausgegeben von Karl Schlechta, Ullstein Verlag, Franfurt am Main, Berlin und Wien, 1984
- Pieper, Josef: Muße und Kult. Kösel Verlag, München, 2007
- Pollack, Rachel: Tarot – 78 Stufen der Weisheit. Übersetzt von Martin Störmer und Cornelia Labonté, Droemersche Verlagsanstalt Th. Knaur Nachf., München, 1985
- rawrebel.de/neustart-schade-konsum-macht-doch-nicht-glücklich (aufgerufen am 22.6.2016)
- Reheis, Fritz: Entschleunigung – Abschied vom Turbokapitalismus. Wilhelm Goldmann Verlag, München, 2006
- Russell, Bertrand: Philosophie des Abendlandes. Piper Verlag, München, 2004
- Schopenhauer, Arthur: Die Welt als Wille und Vorstellung. Anaconda Verlag, Köln, 2009
- Seneca, Lucius Annaeus: Briefe an Lucilius. 2. Brief, http://www.gottwein.de/Lat/sen/epist.002.php (aufgerufen am 16.06.2016)

- Stein, Gertrude: Jedermanns Autobiographie. Übersetzt von Marie-Anne Stiebel, Suhrkamp Verlag, Frankfurt am Main. 1996
- Theweleit, Klaus: Männerphantasien. 2 Bände in einem Band, Verlag Stroemfeld / Roter Stern, Basel und Frankfurt am Main, 1986
- Vatsyayana: Kamasutram. Übersetzt von Richard Schmidt, Fanz Decker Verlag, Schmiden bei Stuttgart, o.J.
- Watts, Alan: Vom Geist des Zen. Übersetzt von Julius Schwabe, Insel Verlag, Frankfurt am Main und Leipzig, 2008
- Wikipedia: de.wikipedia.org/wiki/Pachamama (aufgerufen am 27.8.2012)
- Wilde, Oscar: Der Sozialismus und die Seele des Menschen. In: Drei Essays. http://gutenberg.spiegel.de/buch/drei-essays-6324/3 (aufgerufen am 16.06.2016)
- Wilhelm, Richard: Die Seele Chinas. Marix Verlag, Wiesbaden, 2009, (Über Richard Wilhelm siehe auch http://de.wikipedia.org/wiki/Richard_Wilhelm - aufgerufen am 16.06.2016)
- Wohlfart, Günter: Zhuangzi (Dschuang Dsi) – Meister der Spiritualität. Herder Verlag, Freiburg im Breisgau, 2001
- Zhuangzi: Das Buch der Spontaneität – Über den Nutzen der Nutzlosigkeit und die Kultur der Langsamkeit. Heraugegeben und aus dem Chinesischen ins Englische übertragen von Victor H. Mair, aus dem Englischen übersetzt von Stephan Schuhmacher, Windpferd Verlagsgesellschaft, Edition Schneelöwe, Aitrang, 2008

Bilder

Umschlagbild und S.3: Jupp Hartmann: Schriftzeichenlandschaft. Verwendete Schriftzeichen: 山 (shan) Berg, 日 (ri) Sonne, 雪 (xue) Schnee, 川 (chuan) Fluss, 寺 (si) Tempel
S.180: Jupp Hartmann: Yin und Yang. Verwendete Schriftzeichen: 阴 Yin, 阳 Yang

Inhalt

Erster Teil – Schatten der Vergangenheit   7
Der alte Birnbaum – Namensmagie –Der Weg des Räubers – Zerwürfnisse – Verstrickungen – Der Gott der Kühe – Zeitenwende – Aufbegehren – Auf der anderen Seite des Werktors – Moderne Zeiten – Im Taumel der Sprache – Verweigerte Nützlichkeit

Zweiter Teil – Perspektivenwechsel   24
Der Brunnenfrosch – Horizontverschiebung – Die Wolke – Im Überschwang der Freiheit – Lustprinzip – Die Folgen der Worte – Der Weg zum Frieden – Die Folgen des Handelns – Glückliches Scheitern

Dritter Teil – Halt im Ungewissen   40
Der Ritter und der Drache – Hedonismus aus Resignation – Tun und Lassen – Blockhütte und Piratenschiff – Everything goes – Die Wertlosigkeit der Bücher – Heilige Bäume – Lösung von Meinungsverschiedenheiten – Die Weisheit der Karten

Vierter Teil – Tun und Nichtstun   56
Glück – Die Erprobung der Leere – Der knorrige Baum – Muße als Versuch und Versuchung – Muße als alte Kunst – Muße in der Praxis – Die dunkle Seite der Klugheit

Fünfter Teil – Die Fülle eines Augenblicks   72
Der Magier – Die stillgelegte U-Bahn – Jenseits der Bedeutungen – Bewegung – Geschäftskunst und Lebenskunst – Der Holzschnitzer – Thema und Variationen – Die Evolution eines Motivs – Die Entstehung eines künstlerischen Universums

Sechster Teil – Entgrenzung durch Begrenzung   89
Die Grundlage der Freiheit – Essen als Kunst – Die volle Tasse – Die Zähmung der Langeweile – Von selber richtig – Die Freude der Fische

Siebter Teil – Auf der anderen Seite der Erde   101
Tango – Die Schwierigkeit des Einfachen – Tango-Beziehungen – Die Vorzüge einer berüchtigten Gegend – Kunst als Brücke –

Düstere Erinnerungen – Im Paralleluniversum – Was das Nicht-Sichtbare zeigt – Pachamama – Yin und Yang in den Anden

Achter Teil – Gemeinschaften und Identitäten   **118**
Selbstinszenierungen – Herbstfluten – Die weite Welt in einem Raum – Tango am Bosporus – Der elfte September – Gottesbegriffe – Die Vögel unter dem Himmel – Unbelehrbare Lehrer

Neunter Teil – Zuhause in der Fremde   **132**
Von Beruf Deutscher – Selbstwahrnehmung und Fremdwahrnehmung – Die Vielfalt der Wahrheiten – Fremdheitsgrade – Die ungleiche Begegnung der Kulturen – Der Beginn einer wunderbaren Freundschaft

Zehnter Teil – Verständigung durch Bilder   **146**
Bohemeleben – Die gelbe Brücke – Das Dorf der Maler – Die interkulturelle Begegnung der Engel – Kunst im globalen Dorf – Zwischen Nützlichkeit und Freiheit

Elfter Teil – Rückbesinnung   **157**
Die Mitte – Zwischen Rückzug und Widerstand – Der Baum vor dem Fenster – Muße und Politik – Philosophische Spaziergänge – Der Ziehbrunnen – Jenseits der Utopien – Zen und die Kunst, frei zu sein – Das Dao und der Westen

Epilog   **172**

Quellenangaben   **174**